Antonio Mira de Amescua

El rico avariento, o la vida y muerte de san Lázaro

Edición de Vern Williamson

Barcelona **2024**
Linkgua-ediciones.com

Créditos

Título original: El rico avariento, o la vida y muerte de san Lázaro.

© 2024, Red ediciones S.L.

e-mail: info@linkgua.com

Diseño de cubierta: Michel Mallard.

ISBN tapa dura: 978-84-1126-201-9.
ISBN rústica: 978-84-9816-087-1.
ISBN ebook: 978-84-9897-562-8.

Sumario

Brevísima presentación

La vida

Antonio Mira de Amescua (Guadix, Granada, c. 1574-1644). España.
De familia noble, estudió teología en Guadix y Granada, mezclando su sacerdocio con su dedicación a la literatura. Estuvo en Nápoles al servicio del conde de Lemos y luego vivió en Madrid, donde participó en justas poéticas y fiestas cortesanas.

Personajes

Nabal, el rico
Lázaro, galán
Jordán, lacayo
Baltasar, criado
Padre de Abigaíl
José, primo de Abigaíl
Abigaíl, dama
Ana, criada,
Custodio, ángel
Demonio
Dos criados
Músicos

Jornada primera

(Salen Nabal y Jordán, lacayo.)

Nabal	Deja que blasfemias diga.
Jordán	No has de decir tal blasfemia.
Nabal	Si Dios con trabajos premia, ¿qué dará cuando castiga?
Jordán	Consolémonos los dos que hambres pasamos iguales, y en los bienes y en los males gracias le demos a Dios.
Nabal	¡Que dé gracias me aconsejas a Dios de ser pobre! ¡Bueno! De rabia y de afrenta lleno le daré voces y quejas. El rico soberbio y vano se las dé; que yo afligido solamente he recibido pesadumbres de su mano. Gracias dé el favorecido; que yo, que no soy dichoso, si le doy gracias quejoso, ¿qué le daré agradecido? En vano intentas, Jordán importuno, aconsejarme; que para desesperarme tus consejos servirán. Tales efectos se ven de ardor que en mi pecho lidia;

muero rabiando de envidia
si miro el ajeno bien.

   ¡Qué en pesar tan riguroso
para aumentar mi desvelo
conmigo es avaro el cielo
y con los demás piadoso!

   Pues su mano —¡pena rara!—
para hacer mayor mi mal
es con todos liberal,
y solo conmigo avara.

   Todo me falta, ¡ay de mí!
Ninguna hacienda poseo.
Pobre y mísero me veo.

Jordán   Eso es peor para mí.

   Que me admire, señor, deja,
de oírte este sentimiento.
¿En vez de agradecimiento,
del cielo previenes queja?

   Tan pobre como tú estoy
pues sin esperanza alguna
sigo tu misma fortuna;
y al cielo gracias le doy.

   Repara alabanzas tantas
que a su criador dan leales
sensitivos animales
y vegetativas plantas.

   Todos en su estado viven
conformemente contentos,
porque en agradecimientos
retornan lo que reciben.

   Y así es justo que me asombre
que en instinto natural
agradezca un animal

y llegue a ignorar un hombre.

Nabal   Ya persuadirme no es bien
cuando estoy desesperado.
Yo solo soy desdichado;
todos dichosos se ven.
    Nace una fuente, y apenas
brota la líquida plata
cuando arroyo se desata
entre doradas arenas,
    y aunque en humildes raudales
antes corrió bullicioso,
río le forman undoso
los adquiridos cristales.
    Y después que llega a estar
rico de inmensa corriente,
el que nació pobre fuente
muere caudaloso mar.
    Nace en el verde botón
áprisionada la rosa
y después con pompa hermosa
es del prado ostentación.
    En suave fragrancia crece,
y, de las perlas que llora,
liberal, la aurora
rico tesoro le ofrece.
    Sale el Sol con brilladores
rayos de la blanca espuma
para dar belleza suma
a las plantas y a las flores;
    pues con el claro arrebol
que pródigo se acredita,
cuánto la noche marchita,
tanto reverdece el Sol.

¿Y yo en pena rigurosa?
Tal pobreza me fastidia
que llego a tener envidia
del Sol, la fuente y la rosa.

Jordán   Ten, señor, más confianza
aunque el hado te persigue,
porque todo lo consigue
la paciencia y la esperanza;
   que aunque tu pena importuna
durar se ve de este modo,
el tiempo lo muda todo
y lo acaba la Fortuna.
   No hagas extremos tales,
y estos trabajos que tienes
recíbelos tú por bienes
y dejarán de ser males.

Nabal   Enigmas me estás diciendo.
Yo no entiendo esos amores,
que no quiero esos favores
del cielo. No los pretendo.
   Soy hombre muy liberal:
a ningún mal quiero bien,
el bien admito por bien
y el mal recibo por mal.
   ¿Regalos de Dios se llaman
los males que desestiman,
las miserias que lastiman,
las desventuras que infaman?
   Si Dios tiene tanta cuenta
con el pobre, ¿para qué,
adventurando su fe,
le da por vida una afrenta?

Jordán	El que es bueno, ¿no está lleno de bien?
Nabal	Sí.
Jordán	Luego la queja ya es injusta, pues le deja Dios poder para ser bueno.
Nabal	Yo estoy de pobreza loco. Solo conozco, y me fundo en que yo soy en el mundo quien debe al cielo más poco.
Jordán	Tus discursos son ajenos de hombre. Si eres desdichado, yo que nací tu criado, seré quien le debe menos. No has hecho tanto por mí. Mira cual somos los dos: que tú no sufres a Dios, y yo te he sufrido a ti. Dale, pese a Bercebú, gracias de que no eres yo; que ya mi amor se las dio de que no soy como tú.
Nabal	Eres tú muy virtuoso.
Jordán	Yo que a ser pobre he llegado, estoy de mí lastimado mas no del cielo quejoso.
Nabal	Yo no diera sentimientos

al cielo en cosa ninguna
si con mi baja fortuna
midiera mis pensamientos.
 Ya que pobre nací yo,
sin gusto y amor naciera
porque pobre me sufriera,
imas pobre y amante, no!
 ¿Qué concierto, qué armonía
harán, de apetitos llenos,
bienes que son tan ajenos
y desdicha que es tan mía?
 Si a la hermosa Abigaíl
quiero ver, en mis enojos,
se oponen luego a mis ojos
nubes de pobreza vil.
 Si en pasión tan ciega y loca
quiero pedir su belleza,
luego pone mi pobreza
lazos de miedo a mi boca.
 Aquí del templo, a la puerta,
triste aguardo su hermosura
con una muerte segura
y una vida muy incierta.
 Sentiré, de verme, enojos;
que en la mujer ¿qué rigor
tiene crédito mayor?
¡La ignorancia de los ojos!
 ¡Qué interesable y terrible!
Piensa con villano modo
que para los pobres todo
lo hizo Dios imposible.

Jordán   ¿Cómo sabes que ha de ser
mujer tan noble y amable,

y tan bella, interesable?

Nabal   ¡Ay, Jordán, como es mujer!

(Salen Lázaro muy galán y Baltasar, su criado.)

Lázaro   ¡Qué honesta, qué virtuosa
                       es Abigaíl! Que fuera,
                       si honestidad no tuviera,
                       una culpa el ser hermosa.
                          Su belleza y su cordura
                       me agrada con igualdad,
                       que a faltar la honestidad
                       me ofendiera su hermosura.

Baltasar   Tiene fama generosa
                       en todo Jerusalén.

Lázaro   Es el vivir y obrar bien
                       más beldad que el ser hermosa.

Nabal   Ya ha venido este enfadoso.
                       Éste puede a Dios muy bien
                       dar gracias. ¡Miren en quien
                       pone el cielo el ser dichoso!
                          ¡Qué tanto a Lázaro sobre
                       y tanto me falte a mí!

Jordán   ¿Lázaro se llama?

Nabal   Sí.

Jordán   ¡Lindo nombre para pobre!
                       Don Lázaro suena mal.

¿Y es muy rico?

Nabal   Cosa es clara,
si es necio.

Jordán   Yo le llamara
el Caballero Hospital.
   El será muy virtuoso
pues tanto llega a tener.

Nabal   ¿Quién dice que es menester
virtud para ser dichoso?
   Antes sigue la desdicha
a la virtud, que si fuera
tal que méritos pidiera,
¡qué pocos tuvieron dicha!

(Sale Abigaíl con manto y Ana, su criada.)

Abigaíl   ¡Hermosas damas!

Ana   Entre ellas
en el templo has parecido
la hermosa.

Abigaíl   Dirás que he sido
un Sol en tantas estrellas.
   A lisonjas te acomodas.
Eso no me lisonjea.
No quiero tener de fea
que me lo parezcan todas.
   Quien tiene mayor beldad
hable con menos mentira,
y quien sin envidia mira

16

juzga con mayor piedad.
    Tuya la censura sea,
porque en juzgar de lo hermoso
es siempre el más riguroso
el tribunal de una fea.
    Nada miro con desdén;
no hay en mí soberbia alguna.
Como no envidio a ninguna
todas me parecen bien.

Lázaro
    Si es tan bella una criatura
y merece tanto amor,
¿cuál será de su criador
la celestial hermosura?
    Bien parece imagen suya
su divina cara hermosa.
¡Oh, mil veces tú dichosa!,
si es tan bella el alma tuya;
    mas beldad tan peregrina
santa será. Es cosa llana.
Si es la caja más que humana
la joya será divina.

Nabal
    ¿No es hermosa Abigaíl?
¿Qué dices? ¡Por vida mía!

Jordán
Digo que con ser judía
me ha parecido gentil.
    ¿Qué te suspendes?

Nabal
            Repara
en tan bella gentileza,
que el cielo armó de belleza
los peligros de su cara.

¡Qué tiernos, qué dulces brazos,
para amistades posibles!
¡Qué blandas y qué apacibles
las prisiones de sus lazos!
¡Qué presto ardiente y robusto
robara, a tener ventura,
el campo de su hermosura
con ejércitos de gusto!

Jordán

Pías consideraciones
has hecho.

Nabal

Todos me crean,
que solo mientras desean
son fuego los corazones.

(Acompáñala Lázaro.)   Mira como la acompaña
y ella admite su locura;
que de la hacienda y ventura
aún la sombra solo engaña.

Abigaíl

No habéis de pasar de aquí.
¡Por mi vida! No paséis
que para que vos me honréis
no hallo méritos en mí.

Lázaro

No dejaros determino,
que voy respetando en vos
de las fábricas de Dios
un edificio divino.

Nabal

Siempre seguirla procura.

Abigaíl

Como noble sois cortés.

Nabal	Mal haya tanto interés.
Lázaro	Bien haya tanta hermosura.

(Vanse Abigaíl, Lázaro, Ana y Baltasar.)

Nabal
¡Cuánto la riqueza engaña!
¡Oh, qué de afrentas que paso!
¡Qué de mí no hicieron caso!
¡Soberbia y locura extraña!
    ¡Qué cosa más desvalida!
Y lo que pobre se vive
no sé yo quien lo recibe
para en cuenta de la vida.
    ¡Ah, mujeres codiciosas!
¡Ah, ricos locos y altivos!
¡Los más viles más esquivos,
más necias, las más hermosas!
    ¿Sálvase el pobre?

Jordán
                                    ¿Estás loco?
Antes los más ricos vienen
a peligrar, porque tienen
en qué merecer más poco.
    Para todos igualmente
seguro el salvarse está,
el rico por lo que da
y el pobre por lo que siente.
    A todos el cielo aguarda,
no hay sobornar su favor,
que para el grande y menor
hay sus ángeles de guarda.

Nabal
Mientes, miente tu simpleza.

¡Ángel el pobre! Me fundo
en que no se vio en el mundo
más ángel que la riqueza.

Jordán
    De tus locuras me espanto.

Nabal
Jordán, si rico me viera,
mejor que Lázaro fuera,
que tiene fama de santo.

Jordán
    Será mayor tu crueldad,
pues quien con tanta inclemencia
pobre no tiene paciencia,
rico no tendrá piedad.

Nabal
    Salvarme pobre y con penas,
difícil es.

Jordán
        ¡Grave exceso
de impiedad! Mas dar en eso
encierra dos cosas buenas.
    Escúchalas brevemente;
porque si das en discreto,
en dichoso, en ser perfeto,
en lindo, en sabio, en valiente,
    podrás quererlo y no sello;
mas si dieres en decir
que a los infiernos te has de ir,
luego te saldrás con ello,
    y en dolor tan importuno
otra cosa mejor tienes,
que para que te condenes
no has menester a ninguno.

Nabal	Si no soy rico, no siento modo de salvarme.
Jordán	Tente; que si eres pobre impaciente, serás un rico avariento.

(Sale Custodio, de peregrino o pobre.)

Custodio (Aparte.)	(De este bárbaro cruel confundir quiero, y que vea que aún hay quien más pobre sea, pues remedio espera en él. Mi paciencia en su rigor ha de enseñarle a sufrir, pues no ha llegado a pedir que es la desdicha mayor.) A este pobre peregrino dad limosna, por amor...
Nabal	¡Ay, rabia! ¡Ay, pena mayor! ¡Ay, desdicha! ¡Ay, desatino! ¿Limosna yo? ¡Cielo airado! Llegue y partiré con él rabia y envidia cruel; que es lo que el cielo me ha dado. ¿Qué me tienta y me provoca? Si con esta impertinencia quiere probar mi paciencia, ya se ve que tengo poca.
Jordán (Aparte.)	Que perdone le suplico; que es tan pobre, y no se asombre este buen... (Digo mal.)

                              ...hombre,
          que hasta un Lázaro es más rico.
             Pero aunque en esta ciudad
          tantas sus miserias son,
          es más pobre de razón,
          de paciencia y de piedad.

Nabal   No soy pobre, soy demonio.
          Infame nombre me das.

Jordán   Créalo porque jamás
          se levanta testimonio.

Nabal   ¿Limosna a mí? ¡Vagamundo!

Custodio Que eres pobre, yo lo creo,
          mas de hacer bien el deseo
          a nadie faltó en el mundo.
             ¿Cuándo al pobre no se ayuda
          y sin limosna se deja?
          Ya que fue sorda la queja,
          la lengua parezca muda.

Nabal   Tras ser pobre imaginero,
          y bachiller y enfadoso,
          da en necio. ¡Qué virtuoso!
          ¡Qué cansado consejero!
             Vaya con Dios.

Custodio   ¡Qué impiedad!

Jordán (Aparte.) (Con Dios dijo. A fe que es dicha.)

Custodio Pobre y necio, ¡qué desdicha!

22

Nabal	¿Porfía tu necedad?
Custodio	¿Así un pobre se despide?

(Vase.)

Nabal	De su agravio así me vengo,
	pues los bienes que no tengo
	me acuerda quien me los pide.

(Sale Lázaro con un bolsillo.)

Lázaro (Aparte.)   (Paréceme que miré
a Nabal con gran tristeza.
¿Si es la causa la pobreza?
Pero, ¿quién triste se ve
—¡ay Dios!, aunque pobre esté—
si Dios la pobreza envía?
¡Oh, si quisiese algún día
en santa necesidad
ya que sabe mi piedad
probar la paciencia mía!
    Quisiera dar a Nabal
algún socorro, y sí pruebo,
sin que él pida. No me atrevo;
que puede llevarlo mal,
Mas no hay bien al bien igual
si ha de costar que se pida;
que en la honra introducida,
aun recibir, que es mejor,
cuesta mucho del honor,
de la paciencia y la vida.
    Un cuerdo modo he buscado
con que poderle ayudar;

que aun de pedir y tomar
no quiero darle cuidado.)
Nabal, amigo.

Nabal (Aparte.)   (Agraviado
estoy de que éste hable así.)

Lázaro   Huélgome de verte aquí.
¿Cómo estás? ¡Suerte dichosa
es la mía! Di.

Nabal (Aparte.)   (¡Qué cosa
tan cansada para mí!)

Lázaro   Esta bolsa a la salida
del templo topé. Si acaso,
Nabal, has de estar al paso,
hazme merced, por tu vida,
que si hubiere quien la pida
o la busque, se la des
si las señas ciertas ves;
que a un negocio voy y es tarde.
Perdóname. Dios te guarde.

Jordán   ¡Qué discreto! ¡Qué cortés!

Nabal   Harélo así.

Lázaro (Aparte.)   (Alegre está.)
Si no viniere por ella,
Nabal, quédate con ella,
que Dios quizá te la da.

(Vase.)

Jordán	Bolsa tienes. Guardalá.
Nabal	¿Restituiréla?
Jordán	Menguado, ¿eso dices?
Nabal	¿Y lo honrado y lo perfecto también?
Jordán	Ninguno es hombre de bien en dinero de contado.
Nabal	Nada el pobre ha de tener; todo el rico lo ha de hallar. ¿Siempre al pobre han de durar las injurias del nacer? ¡Bolsa a mí! ¿Qué puede ser? Ya lo sé, que me da pena, que restituirme ordena éste algún dinero a mí; que los más de ellos así son ricos de hacienda ajena.

(Sale Custodio.)

Custodio	Agora limosna espero de tu mano generosa que ya puede ser piadosa.
Nabal	¡Qué presto que olió el dinero! Ni me da gusto, ni quiero.
Custodio	¡Por amor de Dios!

25

Nabal	¡Por vida!
	¡Ah, pobreza aborrecida!
	Más quisiera no tenello
	que estar sujeto con ello
	a que un pobre me lo pida.
Custodio	Mira, como tienes ya
	qué dar, y estás más tirano,
	más fiero y más inhumano.
Nabal	¡Qué necio y pesado está!
Custodio	Castigo tuyo será
	ser rico, que un pecador
	con la abundancia es peor,
	y peca con más licencia;
	y lo que ha sido impaciencia
	es soberbia y es rigor.
(Aparte.)	(Custodio soy y ángel bueno
	de este infiel, que en tanto engaño
	se verá, para más daño,
	de bienes del mundo lleno.
	Que entrar no puede en el seno
	de Abrahán tanta avaricia.
	Mi Dios, si por su codicia
	no llevare mi verdad,
	fruto para tu piedad,
	llevaréla a tu justicia.)
(Vase.)	
Nabal	Si el pobre me ha de cansar,
	Jordán, más quiero sufrir
	la bajeza del pedir

26

que la nobleza del dar.
Si a rico puedo llegar,
será regalado, entiendo,
mi cuerpo, mi bien eterno,
que otro Dios mi vida ignora
y no hay más Dios.

Jordán   Desde agora
             pido albricias al infierno.

(Vanse y salen José y Abigaíl.)

José   Bellísima Abigaíl,
             de quien aprenden colores
             para matizar sus flores
             los pinceles del abril,
             amor es flecha sutil
             que en mi alma va formando
             tu bella imagen, y cuando
             la adora, amante y fiel,
             como es flecha y es pincel
             va rompiendo y va pintando.
                Tu primo soy, y la parte
             de tu sangre fiel, sin duda,
             que a las estrellas ayuda
             a inclinarme para amarte.
             Amor es puro, y sin arte.
             Las fuerzas del alma empleo
             en amar el bien que veo,
             y como es casto el ardor,
             nunca manchan este amor
             la esperanza ni el deseo.

Abigaíl   José, amarme pudieras

sin darme noticia a mí
de esos amores; que así
verdadero amante fueras,
pues que premio no quisieras;
que amor que se da a entender,
claro está, que quiere ver
premio que le satisfaga;
y amar pretendiendo paga
no es amar sino querer.

José   ¡Oh, qué sutil diferencia
entre el querer y el amar!
¿De modo que he de callar
un amor que no es violencia?

Abigaíl   O busca correspondencia
o quiere agradecimiento
quien dice su sentimiento;
y si el fin que amor buscó
es puro amor, mal amó
quien no calla su tormento.

José   ¡Extraña filosofía
y sofísticos extremos!
Pues que amando a Dios, queremos
que él nos ame, y no sería
razón que en el alma mía
tan bárbaro amor cupiera
que la ley de amor rompiera
y en sí mismo reprimido
no quisiera ser sabido
ni ser pagado quisiera.

Abigaíl   Diferencia no has hallado

entre el amor y el deseo
si tiene amor por trofeo
ser sabido y ser pagado.

José
¿Amor, lo que ha deseado,
cómo a su efecto contiene?
Mas, ¡ay!, que Lázaro viene
a interrumpir mi razón.

Abigaíl
Los celos envidia son.
El celoso envida tiene.

José
    ¿Qué amante no fue celoso?

Abigaíl
No me permiten los cielos
amor de quien nacen celos,
ni amante que es envidioso.

José
Luego ¿perdí temeroso
lo que ganaba atrevido,
o porque el otro ha venido
pierdo el bien que amor concede?

Abigaíl
No, que perderse no puede
lo que no estaba adquirido.

(Sale Lázaro.)

Lázaro
    La buena conversación
que entre los dos considero
me alegra tanto, que espero
celebrar esta ocasión.
Primos, las almas que son
de Dios imágenes bellas,

como del Sol las estrellas,
gozan sus rayos supremos,
y así los hombres debemos
comunicarnos con ellas.
　　　Proseguid. ¿De qué se trata?

Abigaíl　　　　　Del amor honesto.

Lázaro　　　　　　　　　　Bien.
Yo os amo, prima también
de este modo, y me arrebata
el alma beldad tan grata,
que la de Dios considero.
Y en amor tan verdadero
que nos lleva el alma a Dios
bien podéis hablar los dos.
Proseguid, que escuchar quiero.

Abigaíl　　　　　　¿Luego, amado, tú no sientes
el tener competidor
en la causa de tu amor?

Lázaro　　　　　No, que fueran accidentes
de firme amor, varias gentes,
reinos, climas, paralelos,
la tierra, el mar y los cielos.
En todos su luz influye
y ni el Sol se dio ni huye,
ni a los que alumbra da celos.

Abigaíl　　　　　　¿Ves, José, como este amor
tiene calidad más pura?

José　　　　　¿El amor de la criatura

no ha de tener el valor
que el de Dios?

Lázaro   Ése es error
porque la hermosura humana
aunque nos parece vana
es un retrato, un espejo,
un relámpago, un bosquejo,
de la beldad soberana.
   Un arroyo, ¿no es tesoro
dulce, hermoso y transparente
del ruido de una fuente?
Y luego, en arenas de oro
es instrumento sonoro
que alaba su original,
haciendo un son natural
a los pájaros cantores,
con lazo y traste de flores,
y con cuerdas de cristal.
   Los once cielos, aquellas
esferas y orbes supremos
en quien tachonadas vemos
mil y veinte y dos estrellas,
¡qué por imágenes bellas
y la fábrica exterior
que nos descubre el valor
que hay dentro y nos asegura
que aunque es grande su hermosura,
la del imperio es mayor!
   Cualquiera mortal belleza
de Dios su principio tiene,
y derivándose viene
a nuestra naturaleza.
Es inmensa su grandeza

de suerte que no declina,
y así amor que nos inclina
a la hermosura mortal
ha de ser amor igual
al amor de la divina.

Abigaíl	Ésa es honesta opinión.
José	Es rico y tú eres mujer.
	Bien claro está que ha de ser
	preferida su razón.
Abigaíl	Primo, estos celos no son
	dignos de un amor honesto.

(Salen Nabal y Jordán.)

Jordán	Ocupado está ya el puesto.
	Poco lugar te darán
	entre un rico y un galán.
Nabal	La dicha he de obrar en esto.
Jordán	Yo pienso que en este amor,
	solo el dichoso has de ser;
	porque en efecto es mujer
	y escogerá lo peor.
Nabal	Siempre vienes de este humor.
Jordán	Todos somos maldicientes
	a tu sombra.
Nabal	Si consientes

una demanda cortés,
ya que somos todos tres
de una tribu y tus parientes.
    Yo, señora, te suplico
que des de esposa la mano
hoy al deudo más cercano
o ya sea pobre o ya rico.
Así mi amor significo.

Abigaíl   ¡Extraña resolución!

Nabal   Es éste mi condición,
y siendo ardiente un deseo
ninguna esperanza veo
que me dé satisfacción.

Abigaíl   Aún no da prisa mi edad
para que yo tome estado,
y Dios tendrá ese cuidado
pues tiene mi voluntad.

José   ¿Cómo cabe en tu beldad
tal esquivez, tal rigor?
Dale siquiera un favor
al que más te estima y quiere,
porque cortésmente espere
premio de este honesto amor.

(Quítase una flor con tres cintas: verde, encarnada y blanca.)

Abigaíl   Este lazo y esta rosa,
que de colores distintas
forman y tejen tres cintas,
daré afable y generosa,

	aunque no en señal de esposa,
	al que probare mejor
	que merece mi favor.
Lázaro (Aparte.)	(Es discreta Abigaíl.)
	Tu entendimiento es sutil
	como es inmenso tu honor.
Jordán	¡Oh, qué bellas necedades
	dirán agora los tres!
Nabal	En el hombre el valor es
	de más altas calidades
	que riquezas ni beldades.
	Ni soy rico ni galán,
	mas tan unidos están
	el amor y ánimo en mí
	que esa rosa merecí.
Jordán	Pienso que no se la dan.
Abigaíl	¡Qué soberbia presunción!
	Diga, José.
José	Yo me ofrezco
	a probar que la merezco
	con una fuerte razón.
	Cuantas damas ve Sión
	me han estimado, y querido.
	Pagué a todas con olvido,
	a ti sola con cuidado.
	Luego, mucho te he obligado.
Jordán	También éste la ha perdido.

Abigaíl	¡Galán desvanecimiento!
Lázaro	Yo, aunque tu amante me llamo,
	tan sin esperanzas amo,
	que ni tengo atrevimiento
	a pedirla, ni en mí siento
	razón para merecella.
	Quédate, prima, con ella,
	que habiéndola de estimar
	por ser tuya, ¿qué lugar
	podré darle, o qué tesoro,
	donde esté con más decoro
	que en ti misma?
Abigaíl	¡Esto es amar!
	Yo la recibo y me voy,
	que están mis padres esperando.

[Vanse Abigaíl y Ana.]

Jordán	¡Cuál se la quedan mirando
	los tres! Riéndome estoy.
Lázaro	Nabal, José, queda en paz.

[Vase Lázaro.]

Nabal	¡Vive Dios, que me fastidia
	su humildad! Todo es envidia.
Jordán	El Lázaro es muy sagaz.
	¡Con qué discreción...
José	Yo siento...

Jordán	...se despidió!
José	... con enojos, que nos quebrase los ojos.
Nabal	Tormento añado a tormento.
José	De los tres es el dichoso. Aquí no hay más que esperar. Yo me voy.

[Vase José.]

Nabal	Todo es pesar.
Jordán	Parece que va celoso. Buenos habemos quedado, como dicen a la Luna.
Nabal	Maldiga Dios mi fortuna. ¡En todo soy desdichado!
Jordán	Señor, ya reparo en ello. De tu original pecado participo por criado sin comerlo y bebello. Tu mismo error te condena.
Nabal	No es olvidarla posible.
Jordán	¿No miras que es invencible?
Nabal	Más invencible es mi pena.

Jordán	Pues, siguiendo su desdén
	vendrás, señor, a quedar
	sin ella y con gran pesar.
	Mirad con quién y sin quién.
	Mas yo, aunque tan poco valgo,
	si en este empeño me hallara,
	luego al punto la enviara...

| Nabal | ¿A dónde? |

| Jordán | ...a espulgar un galgo; |
| | que es lo demás necedad. |

Nabal	Más disparates no digas;
	que en vano a mudanza obligas
	mi constante voluntad.
	Dé Abigaíl los amores.
	Rendido de su belleza,
	aunque miro su entereza,
	aunque advierto sus rigores,
	aunque su virtud no ignoro,
	y su favor no merezco,
	sus desprecios apetezco,
	sus desdenes enamoro,
	sin que pueda resistir
	en mi amante desear
	un bien que todo es penar,
	un mal que todo es morir.

| Jordán | Bien se ve. |

| Nabal | ¡Qué pena tal |
| | es rabia! |

Jordán	Pues, saludarse;
	que puede ese mal pegarse
	y es incurable ese mal.

| Nabal | Ya hallé medio. |

| Jordán | ¿Cuál será |
| | si tu locura se advierte? |

| Nabal | Darme a mí mismo la muerte. |

Jordán	¡Oh, qué bien pensado está!
	Alabo tu buen intento
	y puedes ir consolado
	que no has pagado criado
	ni hecho ningún testamento.
	Esta acción que haciendo estás
	no es acción que te alborote.
	Un bobo de capirote
	no pudiera decir más.

| Nabal | Jordán, ¿qué tengo de hacer? |

| Jordán | Que moderes la porfía |
| | aconsejarte quería. |

| Nabal | ¿Qué no causa una mujer? |
| | ¿Cómo saldré de esta calma? |

Jordán	¿Cómo? ¡Muy fácil, señor!
	Dejar de tener amor,
	que es pesadilla del alma.
	Yo quiero darte un consejo.

Nabal	Ninguno habrá que me cuadre.
Jordán	Ve y pídesela a su padre.
Nabal	Soy pobre y es rico el viejo; pero tu consejo aquí elijo por mejor suerte.
Jordán	Mejor es que darte muerte.
Nabal	Pues, Jordán, vente tras mí.

(Vanse. Salen Lázaro con un papel, y Baltasar.)

Lázaro	Baltasar, yo deseo hacer bien a Nabal, y dudo el modo.
Baltasar	Señor, a un hombre ingrato, soberbio y sin piedad, ¿cómo te inclinas? Siendo opuestos los dos, iqué estrellas pueden con sus luces divinas hacer bien a un tirano?
Lázaro	Maravillas de Dios, rey soberano. No debemos los hombres, mayormente los ricos, examinar las almas y conciencias de los pobres a quien tan de justicia se debe la limosna. ¿Qué piensas tú que son los que son ricos? Mayordomos de Dios, dispensadores que su hacienda administran repartiéndola bien entre los pobres. Nabal es noble, y de mi misma tribu,

y quizá la pobreza
le da con la condición su aspereza.
Podrá ser que teniendo más descanso
reduzca sus costumbres dulce y manso.

Baltasar

Pues bien, ¿y cómo piensas,
si él no te pide nada,
hacerle bien alguno?

Lázaro

Esta dificultad tengo mirada;
que dar a quien no pide algunas veces
es dar vergüenza y pena,
porque ya la pobreza, el mundo loco,
siendo amiga de Dios, la estima en poco.

(Saca un papel.)

Por esto tengo escrita
esta cédula en que finjo le debo
a su padre Eliázar este dinero,
y tú se la has de dar.

Baltasar

        ¿De qué manera?

Lázaro

Diciendo que la hallaste
entre algunos papeles.

Baltasar

Ya lo penetro. Baste.
Haces en esto lo que siempre sueles.
Piadoso y sabio estás.

Lázaro

        Si Dios me ha dado
riqueza singular, y las riquezas
prestadas las tenemos
del mismo Dios, pagárselas debemos.
Allí le ha visto. Voyme
porque puedas hablarle.

(Dale el papel y vase. Salen Nabal y Jordán.)

Nabal   Jordán, yo tengo sed. En esa casa
         podrás, pues eres hombre
         despejado, pedir un jarro de agua.

Jordán   Arrójate a la orilla de mi nombre
         y así podrás beber.

Nabal   ¡Acaba, necio!

Jordán   Acaba tú también de ser durazo.
         Dineros tienes y aguadores pasan
         que en cándidos cristales,
         y en barros que parecen de claveles,
         vendiendo van el agua dulce y pura,
         y una moneda vil solo es el precio.
         Dales limosna y bebe; que limosna
         es comprar de los pobres.

Nabal   Así no me aconsejes;
         que sufriré la sed ardiente y dura
         antes que hacer piadoso
         un átomo de bien, y el cielo airado
         se muestra para mí. ¿Qué ley consiente
         que liberal me muestre con la gente?

(Se acerca Baltasar.)

Baltasar   Mis albricias ofrecidas,
         buenas nuevas te daré.

Nabal   Ni habrá por qué yo las dé
         ni por qué tú me las pidas.

Baltasar	Cumplir podemos los dos
	si ésta te vengo a ofrecer,
	que la debió de perder
	tu padre; que quiera Dios,
	revolviendo unos papeles,
	hallé esta cédula en quien
	el cielo pinta tu bien.

(Dale el papel.)

Nabal	¡Con soberanos pinceles!

(Lee.)

«Confieso por esta cédula que debo a Eliázar, del tribu de Judá, mil y quinientos escudos de oro, y los pagaré a él o a Nabal su hijo, siempre que los pidan, y lo firme de mi nombre.
                         Lázaro»

Baltasar	Pues tu padre no cobró
	esa partida, bien puedes
	si le heredas y sucedes
	pedirla a Lázaro. Yo,
	que he hallado este papel
	le traigo y no lo difiero.
	Bien mis albricias espero.

Nabal	¡Que esto pase en Israel!
	¡Qué haya ricos que las venas
	del pobre sangrar intentan
	y sus tesoros aumentan
	con las haciendas ajenas!
	Los ríos más eminentes,
	compitiendo con el mar

se suelen tras sí llevar
los arroyuelos y fuentes.
    Eran charcos, ya son ríos
que, sus tiranos raudales
robando ajenos cristales,
cobran fuerzas, cobran bríos.
    Los ricos, de esta manera,
exentos de humanas leyes,
compitiendo con los reyes,
quieren dilatar su esfera.
    Y al pobre con tiranía
bien en Lázaro se ve.
¿Qué mucho que rico esté
si ocultó la hacienda mía?
    Y tú, lisonjero amigo,
que esta cédula encubriste,
¿cómo albricias me pediste
cuando mereces castigo?
    Cómplice disimulado
de este latrocinio, advierte
que pues no te doy la muerte
buenas albricias te he dado.

Baltasar   ¿Quién vio tal ingratitud?
Ya lo dudo aunque ya vi;
mas, ¿cuándo no paga así
la malicia a la virtud?
    Hoy Lázaro liberal
su mismo bien apercibe
y al tiempo que lo recibe
le ofende y le trata mal.

(Vase Baltasar.)

Nabal	¿Qué dices?
Jordán	¡Mil y quinientos! Ya tendrás de qué pagarme.
Nabal	No empieces a importunarme. ¡Oh, criados!
Jordán	¡Oh, avarientos!
Nabal	Sirve y calla, que he de ser rico al fin.
Jordán	¡Jornada es larga! Llevaba un hombre una carga de vidrios para vender. Preguntóle otro: «¿Qué trae en esa carga, mancebo?». Él le respondió: «¿Qué llevo? Nada si el asno se cae». A ser este vidrio llega la esperanza de tus bienes, porque en la cédula tienes nada si Lázaro niega; mas él viene por aquí. Háblale sabio y cortés, que lo merece, pues es...

(Sale Lázaro.)

Nabal	Basilisco para mí. Señor Lázaro...
Lázaro	¿Señor?

Nabal	¿Esta firma es vuestra?
Lázaro	Sí, confieso que la escribí y que soy vuestro deudor, Nabal amigo.
Jordán	¡Pardiez, que en el anzuelo está asido! El asno en fin no ha caído. Vidrio tienes esta vez.
Nabal	¿Y cuándo podréis pagar?
Lázaro	Pagaré de aquí a seis días.
Nabal	Ésas son vanas porfías. Seis horas no han de pasar a una cosa tan debida. Harto mi padre esperó pues que nunca lo cobró en los días de su vida.
Jordán	Señor Lázaro, pagar o ir a la prisión.
Lázaro	Si eso ha de ser, por no estar preso, ¡vamos! Venidla a contar. Muy bien me pueden prender. No son rigores ni extremos porque los ricos debemos lo que el pobre ha menester.

Jordán	Vamos por ello al momento.
Lázaro (Aparte.)	(¡Oh, qué bien ha sucedido!)
[Vase Lázaro.]	
Nabal	Mi dinero, ¡dicha ha sido que confesase!
Jordán	¿Contento estás agora, señor? Muy bien me puedes pagar.
Nabal	¿Cuánto va que te he de echar de mi casa?
Jordán	¿Hay tal rigor? Ya la sed que te afligía se habrá pasado.
Nabal	No pasa. Pídeme agua en esta casa.
Jordán	¿Avaro estás todavía?
(Sale vestido de pobre.)	
Custodio (Aparte.)	(¡Con qué amor, con qué cuidado dulces caminos prevengo a esta alma que a cargo tengo desde que Dios la ha criado! Soy compañero del hombre.) ¡Nabal!

Nabal	¿Quién eres, mendigo...
Custodio	Soy tu verdadero amigo...
Nabal	...que así has sabido mi nombre?
Custodio	...quien las desdichas previene. Ten tú lástima de mí.
Nabal	No he de tenerla de ti si Dios de mí no la tiene.
Custodio	Confía de su clemencia.
Nabal	Oyes, pobre porfiado, pedir al necesitado es darle más impaciencia. Si de Dios fío o no fío, Dios me ha de juzgar, no el hombre. Vete pues, y sabe el nombre de los ricos y no el mío.
Custodio	Mil y quinientos escudos rico te pueden hacer.
Nabal	¡Por eso habían de ser los pobres sordos y mudos!
Custodio	Si hoy piensas tenerlos, mira que vivas más generoso.
Nabal	Pobre importuno y curioso, con esto me das más ira. En las repúblicas buenas

no andan pobres indiscretos
sabiendo ajenos secretos
y oliendo vidas ajenas.
        Esta pobre cantidad
hoy me la ha dado mi estrella
para remediar con ella
mi propia necesidad.
        Haz que cual Lázaro sea
rico, y entonces verás
si sufro más y doy más.

Custodio   ¡Plegue a Dios que yo lo vea!

(Sale Jordán con un vidrio de agua.)

Jordán   El cristal y el agua fría
                    te brindan y hacen merced.

Nabal   Ya me ha quitado la sed
                    la mucha bachillería
                        de este mendigo. Volver
                    puedes el vidrio. Aquí espero.

Custodio   Sed padezco, de sed muero;
                    pues no la quieres beber,
                        dámela a mí.

Nabal   ¿Cómo dar?
                    La sed tu enfado provoca,
                    y hay un volcán en mi boca.

(Bébela.)

Jordán (Aparte.)   (Pues, bebe hasta reventar.)

Custodio	Dame el agua que ha sobrado.
	Mira que al pobre le debe.
Jordán	¿A lástima no te mueve?
	[¿Por qué este agua no has dado?]
Nabal	¡Tómala!

(Arroja el agua y el vidrio.)

Custodio	¿Cómo creeré
	que has de dar, si rico estás,
	cuando así el agua me das?
Nabal	Entonces responderé.
Jordán	Yo temo tu perdición.
	Dale limosna.
Nabal	No quiero.
	Anda, cobra aquel dinero.
Jordán	No vi mayor ambición.

(Vanse.)

Custodio	Dios, que eres lumbre de lumbres
	y belleza de bellezas,
	dale a este monstruo riquezas.
	Quizá mudará costumbres.

(Sale el Demonio muy galán.)

Demonio	En vano a Dios solicitas,

celestial inteligencia
cuya hermosura perdí.

Custodio   Por ambición y soberbia.

Demonio   Tu igual soy desde aquel día
que derribé las estrellas
como soberbio dragón.

Custodio   ¡Bien me acuerdo de esa guerra!

Demonio   Ya ves que da admiración
al reino de las estrellas
mi ciencia.

Custodio   Sé que perdiste
la caridad, no la ciencia.

Demonio   Desde que tuvo principio
el alma dura y proterva
de Nabal, la acompañamos.

Custodio   Sí, mas con tal diferencia
que yo la guardo de ti.

Demonio   Es verdad, ¿mas por qué intentas
—si sabes su inclinación—
que el cielo le dé riquezas?

Custodio   Porque si a Lázaro imita,
con una limosna pueda
ir al limbo con los padres.

Demonio   ¿Y es razón que todos sean

ricos y que sin trabajo,
sin fatiga y penitencia,
con solo dar lo que sobra
el cielo esperen? Merezcan
con su paciencia y ayuno.

Custodio   Si Nabal está a mi cuenta,
solo pretendo su bien
y a las celestes estrellas
lo pediré.

Demonio   Pues yo no.
Antes le pienso dar quejas
al que es la misma justicia,
al que solo vive y Reina.
¡Ah, Custodio! ¿Qué me quieres?

(Mira al cielo.)

Custodio   ¡Ah, Potestad y Cabeza
de mi santa jerarquía!
Suplicar a Dios quisiera
que dé riqueza a Nabal.
Quizá el corazón de peñas
ablandará en la mudanza.
Este bien solo merezca.

(Mira al cielo.)

Demonio   ¡Angélica Potestad!
Basta que Lázaro tenga
riquezas con cuyas sobras
conquiste la vida eterna.
¿Qué mucho que con descanso

agradar al cielo puedan
los hombres en los trabajos,
la fe, y el amor se muestran?
Si fuere rico Nabal,
Lázaro mísera sea,
y verán si su virtud
se convierte en impaciencia.

Custodio   Si los ángeles debemos,
con la claridad eterna,
guardar al hombre, yo puedo,
dándome Dios su licencia,
dar a Nabal lo que pide
para que así le convenza
si fuere rico avariento.

Demonio   Mucho pueden las riquezas;
y así temo no conquiste
al reino de Dios con ellas.
Pero a Lázaro asiré
si acaso Nabal se suelta
de mis prisiones.

Custodio   Nabal,
prosperidades espera.

Demonio   Y tú, Lázaro, desdichas
que yo no doy cosa buena.

Fin de la primera jornada

Jornada segunda

(Salen Jordán y Nabal bien vestido.)

Jordán   Agora sí es ocasión
                    de ir a pedir por esposa,
                    supuesto que estás tan rico,
                    a tu Abigaíl hermosa.

Nabal   En mi pensamiento estás.

Jordán (Aparte.)   (Más quisiera yo en tu bolsa.)
                    Solo una cosa me espanta;
                    el ver cuán a poca costa
                    tienes cantidad de hacienda,
                    de ganados tanta copia.
                    Ajustemos, señor, cuentas
                    que no he de esperar una hora
                    si al instante no me pagas.
                    Señor, mis raciones todas.

Nabal   Linda flema es la que gastas.

Jordán   Dime, ¿no quieres que coma?
                    ¿Soy camaleón criado
                    que al aire he de abrir la boca?
                    Servir y no manducar
                    nunca, señor, se conforman.
                    ¿En qué mis tripas te ofenden?
                    Ten de ellas misericordia.
                    Mira que pueden prenderlas
                    por vagamundas y ociosas.
                    Toda la hambre de Egipto
                    en mí considero agora

porque estando, aquesto es cierto,
soñando anoche esta historia,
fui el intérprete yo mismo:
pues, hallé tan a mi costa
al imaginar las vacas
que al rey Faraón congojan
ser las flacas para mí
pero para ti las gordas.
Tu bolsa es, señor, sin duda
Argel en cuya mazmorra
para cautiverio eterno
todo el dinero aprisionas
sin que rescatarle puedan
piedad ni misericordia,
que falta la redención
cuando no hay en ti limosna.

Nabal   Cansado, Jordán, estás.
No me aprietes, pues no ignoras
que unas tierras de labor
en esa vaga espaciosa
compré, y ganado también
con que es imposible cosa
poder pagarte tan presto.

Jordán   Pues que no quieres que coma,
¿posible es que cuando amor
al más avaro transforma
en liberal avariento,
tú, que a Abigaíl adoras,
ni lo miserable olvides,
ni lo pródigo conozcas?
Yo no he de estar más contigo.
Tú como una vaca engordas;

yo me enflaquezco y me voy
a la muerte por la posta.
(Saca un papel.) Ésta es la cuenta, señor.
Escucha atento y perdona;
que entré a servirte ha diez años
tres semanas y una hora,
con ración y quitación.
La quitación es forzosa
que ya me la hayas pagado;
pero nada en mí se logra
porque es Argos de cien ojos
tu avaricia en su custodia.
Fue dos reales el concierto
cada día, con las sobras
de tu mesa, mas ningunas
habrá, ni ha habido hasta agora.
Si te pones en la mesa,
te incorporas de tal forma
que piensas que han de quitarte
los manjares de la boca.
Y, si hay de vino algún frasco,
aunque sea de una arroba,
brindándote tú a ti mismo,
no me dejas una gota.
Si cualquier manjar te sacan,
quedan los platos de forma,
limpios, que no han menester
estropajo ni fregona.
Y, finalmente, los dos
estamos a cualquier hora,
yo con el ojo tan largo,
tú con la hambre tan gorda.
Las raciones, bien lo sabes,
me las debes casi todas,

	y por no perderlas voy
	aumentando unas con otras.
Nabal	Calla y vete, que ya sale
	Abigaíl como aurora
	imán, que mi alma sigue,
	sus dos estrellas hermosas.
Jordán	¿En fin no tiene remedio?
Nabal	No le tiene por agora.
Jordán	Mucho quieres el dinero.
(Aparte.)	(En los infiernos lo comas.)

(Salen Abigaíl y José.)

Abigaíl	¿A qué venís?
José	A deciros,
	sin acción que admite engaños,
	que me costáis en dos años
	infinidad de suspiros.
	El alma vengo a pediros.
	Dádmela, que prenda ajena
	ni aun para mirada es buena;
	que sin alma y con amor,
	en custodia de temor,
	habré de guardar mi pena.
Abigaíl	No soy mía.
Nabal	¡Airados cielos!
	¿Qué estarán los dos hablando?

¿Qué haré?, que muero rabiando
entre celosos desvelos.
No me aflijáis tanto, celos.
No me atormentéis, congojas.
Envidia, ¿por qué me arrojas?
La indomable furia enfrena;
mas, ¡ay!, que tiene mi pena
más hidras que un árbol hojas.

José   Amada prima...

Abigaíl   ¡Oh, Nabal!
                ¿En mi casa?

Nabal   Sí, señora,
            que quien tu hermosura adora
            está en otra parte mal;
            y más cuando liberal
            de esperanza me enriquece
            el cielo y me favorece
            en darme riquezas tantas
            para ofrecer a tus plantas,
            pues mi amor te lo merece.

(Sale Lázaro.)

Lázaro   Sin licencia y sin llamar,
            en vuestra casa me entré
            porque asegura mi fe
            los temores del dudar.

Nabal   Si otra rosa le has de dar,
            ya está aquí.

57

Lázaro	Ni yo he venido por ella ni la he merecido.
Nabal	Pues, ¿qué tu intento procura?
Lázaro	Adorar esta hermosura que imagen de Dios ha sido.
Nabal	¿Y amar puedes sin deseo belleza tan celestial?
Lázaro	La del alma es inmortal y ésa estimo y ésa creo; que la hermosura que veo es breve y no satisface.
José	Luego, ¿del cielo no nace la hermosura exterior?
Lázaro	Sí, mas con menos valor porque el cielo la deshace. ¿No suele pintar el arte una imagen y figura en quien forma la hermosura y los colores reparte, proporcionando la parte con el todo hasta quedar con perfección y dejar naturaleza ofendida? Y, al fin, le falta la vida que el pincel no puede dar.
Abigaíl	La hermosura dulce y grata de la mujer más famosa

es una fábrica hermosa
que a la vejez desbarata.
El oro convierte en plata
y en violetas el clavel;
porque su belleza infiel
del tiempo no la asegura.
Solo en Dios hay hermosura;
que eterna ha de ser en Él.

(Sale Baltasar.)

Baltasar   Oye, señor, si no niegan
el sentimiento y congoja
las palabras y la lengua
y el suceso a la memoria.
Preven montes de paciencia
en el alma generosa,
porque abismos de desdichas
con menos lágrimas oigas.
En los campos idumeos,
que de palmas se coronan
y de tu adversa fortuna
significan la victoria,
dichosos se apacentaban
tus ganados, y en dos horas
los que en número excedían
del mar las arenas hondas,
los que con la sed solían
minorar las blancas ondas
del Tigris y del Jordán,
de una peste lastimosa
yacen muertos; que las hierbas
de Tesalia venenosas
tu desdicha han trasladado

a Sión para que coman
su misma muerte con ellas.
O ya en las fuentes hermosas
los áspides africanos
venenaron su ponzoña.

Abigaíl

Bien dicen que la Fortuna
tiene el pie sobre una bola,
porque no hay firme edificio
fundado en basa redonda.
Lázaro, mucho perdiste.
Si en prosperidad dichosa
te dan modestia los cielos,
paciencia te den agora.
Sabe Dios lo que me pesa.

Nabal

El alma tengo gozosa.
¡Vive el cielo que me huelgo!
Caiga ya la vanagloria
y soberbia de este rico
y la pobreza conozca.

Lázaro

Baltasar, ¿cómo no sabes
que los trabajos son obras
del mismo Dios, y que el darlos
es usar misericordia?
¿De paciencia me previenes
al referirme una cosa
de que yo debo alegrarme?
Muera el ganado. ¿Qué importa?
¿Dios no es señor de la vida?
¿Y a los brutos y personas
los reparte y quita Él mismo?
¿Tiene el hombre cosa propia?

¿No es todo de Dios? Pues, ¿cómo
te lastiman y alborotan
nuestros sucesos? Advierte
que entre las débiles hojas
de los árboles sustenta
las avecillas que cortan
la esfera del aire, y tiene
su providencia memoria
del pececillo pequeño
que entre los mariscos y ovas
del mar está sumergido.
Luego su mano piadosa
bien me puede sustentar
sin ganados si soy obra
y hechura suya más bella
que el ave más caudalosa.

(Sale Jordán.)

Jordán   Señor, señor, ¡buenas nuevas!

Nabal   ¡A tu humor antiguo tornas!
                ¿Qué hay de nuevo?

Jordán   Dame albricias
                si quieres saber agora
                tu ventura.

Nabal   Necio estás.
                Acaba.

Jordán   Señor, perdona;
                que esta vez no he de decirlas
                si con mano generosa

no me das algo primero.
Sea una vez manirota
tu condición ya que siempre
de avarísima blasona.

Nabal   Vete, loco, y dejamé.

Jordán   Pues siquiera alguna cosa
a cuenta de mis raciones
me has de dar. ¿Qué te alborotas?

Nabal   Ya no intento que me digas
nueva que feliz pregonas,
porque no quiero saberlas
si es que ha de ser a mi costa.
Nunca me pidas albricias
que aunque ha sido ceremonia
usada, soy yo excepción
de regla tan perniciosa.

Jordán   En fin, ¿por no darme nada
no escuchas el bien que ignoras?
Pues yo quiero referirlo
para que cuando me oigas
adviertas de dichas tuyas
en atenciones gustosas
que soy pródigo en hablar
cuando avaro en dar te nombras.
Sabrás que todas tus mieses
ya con las espigas tocan
en los ramos de las plantas
tan fecundas y copiosas
que darán ciento por una.
Las ovejas, aunque pocas,

cristal del Jordán bebieron,
ya con sus vellones doran
los campos, que multiplican
con prisa maravillosa.
Benigno el cielo te mira
con favor, riqueza y pompa.
Obligarte quiere a amar
el camino de su gloria.
Simeón vino a decirlo.

Lázaro

Siento el alma más gozosa
con estas nuevas, Nabal,
que si fueran mías propias.
Doyte alegre el parabién.

Jordán

¿No me das alguna cosa?

Abigaíl

¡Con qué modesta paciencia
Lázaro el pecho conforma
con el cielo!

José

¡Aún eso agrada!

Abigaíl

¡Qué locura tan celosa!

[Sale un Criado de Lázaro.]

[Criado]

Señor, si desdichas dejan
la prudencia y la memoria
del hombre con fuerza y vida,
bien has menester agora
valerte de ellas oyendo
que innumerable langosta
va entrando en tus verdes mieses

y la tierna espiga cortan.
Plaga de Egipto parece
pues las ranas y las moscas
que a Faraón afligieron
no fueron tantas.

Lázaro   No pongas
nombre de fiera desdicha
a la voluntad notoria
del cielo, ni sientas tanto
las mudanzas de las cosas.
¿No es muy poderoso Dios?
¿No son secretas sus obras?
Él la langosta crió.
Hechura es suya. Pues coma
en hora buena las mieses;
que al hombre todo le sobra.

(Sale un Criado de Nabal.)

Eliazar   ¡Dame albricias!

Jordán   ¿Cómo dar?
Bien su condición ignoras.
De las mías que me ha dado
tomarás las que te tocan
que para los dos habrá;
que son de una data todas.

Eliazar   En la heredad que compraste,
surcando la tierra agora
con los bueyes, un tesoro
de cantidad tan preciosa
hallamos que maravilla;

metales, piedras y joyas.
¡Las riquezas de Sión!
¡El oro de Arabia! Roban
las entrañas de la tierra
que compraste humilde y poca.

Abigaíl   En dos balanzas están
bien distintas y remotas.
Allí pesan la justicia
y aquí la misericordia.

Lázaro   Vuelvo otra vez a alegrarme.
¡Oh, qué nueva tan gustosa!

Nabal   Abigaíl, la más bella
del mundo, la más hermosa,
riquezas me ha dado el cielo.
Agora serás mi esposa.

Abigaíl   Con la de mi viejo padre
mi voluntad se conforma.
Hija obediente he de ser.
Para nada hay «sí» en mi boca.

Nabal   Pedírsela [he] a su padre.
Voy a guardar las preciosas
riquezas que justamente
con mis méritos conforman.

Jordán   En eso no te embaraces
que es civilidad notoria.
Como mayordomo tuyo
lo haré yo si no te enojas;
que es grandeza de señores

no ocuparse en esas cosas
cuando [les] sirven criados
que de tan fieles blasonan.

Nabal   ¡Para robarme mi hacienda!

Jordán   Seguirle pretendo agora
su humor, porque si le aprieto,
yo apostaré que se ahorca.

(Vanse Nabal y Jordán.)

Lázaro   Vengan de mano de Dios
mis trabajos, que memoria
tiene de mí pues me envía
tantos bienes, tantas honras.

Abigaíl   El cielo te dé consuelo.

José   Lázaro, mi hacienda toda
es tuya.

Lázaro   Yo la agradezco.

Abigaíl   Y yo, aunque no soy señora
de los bienes de mi padre,
la parte que a mí me toca
te la ofrezco liberal.

Lázaro   Dios os haga tan dichosa
como mi amor lo desea.

(Vase.)

Abigaíl	Mucho siento sus congojas.
José	De sus desdichas me pesa.
Abigaíl	Adiós, José.
José	Adiós, señora.

(Vanse. Salen Nabal y el Padre de Abigaíl.)

Nabal	Ya mi riqueza has sabido.
	Agora, señor, quisiera
(Aparte.)	(pues a ocasión he venido,
	si me amor se considera),
	ser de Abigaíl marido.

    Del tribu de Judá soy
como tú, noble nací,
y rico ya ves que estoy.
Lo que tengo escucha aquí;
que esto le ofrezco y le doy:
    El Tigris, que el muro besa
de Babilonia, me baña
la más famosa dehesa
que corona esa montaña
de antiguos robles espesa.
    Luego una viña al volver
que se mira desde allí
con su casa de placer
que a las viñas de Engadí
competencia puede hacer.
    De mis espigas doradas
a cualquier parte que vuelvas
verás parvas levantadas
en agosto, y esas selvas

cubiertas de mis vacadas,
    que a competencia del cielo
llueven leche sobre el suelo
haciendo sierpes de plata
como cuando se desata
por las montañas el hielo.
    Y de tanta leche llenas
están, que en toda ocasión
a las dulces Filomenas,
las que verdes hierbas son,
engañan por azucenas.
    Y en una granja adornada
una casa noblemente
a mi traza fabricada
con un pensil excelente
de abril eterna posada,
    cuya hermosa variedad
aventajan los deseos
de la humana voluntad
y los jardines hibleos
vencen en fertilidad,
    por cuyas plantas y flores,
cuando el agua se desata,
los arroyos corredores
parecen franjón de plata
sobre felpa de colores.
    Que hasta mirar la beldad
de tu hija, no es jardín;
que es sombra de esta verdad,
y mi corazón, al fin,
jardín de mi voluntad.

Padre   Nabal, estimo el deseo
                 de hacerme merced, y creo,

68

por lo que gano este día,
su voluntad fuese mía
que es dichosísimo empleo.

   Yo quisiera darle dote
tal, que envidiarlo pudiera
rey o sumo sacerdote;
mas la común muerte fiera
que fue de Israel azote,

   me dejó no con riqueza.
No está mi casa sobrada.
Esto me causa tristeza;
pero está privilegiada
de cantidad de nobleza.

   Mas mi hija hallarás,
Nabal, cuanto tú le das;
y si entre los hechos llenos
de honor, la hacienda es lo menos,
yo te vengo a dar lo más.

   Que te pienso enriquecer
con una prenda que el cielo
para ti quiso escoger;
que no hay riqueza en el suelo
como la buena mujer.

   Que aquél que mujer halló
sabia, honrada y virtuosa,
a la Fortuna venció,
porque es en el mundo cosa
que a pocos se concedió.

   Y no hay cosa al parecer
más difícil de emprender;
dos cosas, que son hallar
un amigo y acertar
a elegir buena mujer.

   Que la mujer escogida

para alivio de la vida
ha de entrar, no tengas duda,
como la Verdad, desnuda,
y de su fama vestida.

Mas, pues tú parte me has dado,
Nabal, de tu hacienda, quiero,
a tu amistad obligado,
de los que en mi hija espero
darte, hacerte un fiel traslado.

Todo el oro del Arabia
llevarás en su cabello,
que al Sol en rayos agravia
y quiso con él vencello
la naturaleza sabia.

El africano marfil
está más fino en su frente,
y en sus mejillas abril,
enseñándose en su oriente
la primavera gentil.

Ventas son de cristal
de la casa de esta huerta
sus ojos, luz celestial,
y su boca hermosa puerta
con umbrales de coral.

En aquesta casa vive
un alma hermosa de quien
nobleza inmortal recibe,
dotada de mayor bien
que el mundo discreto escribe.

Tiene joyas estimadas
del oro de su opinión
con su virtud esmaltadas,
que las guarda la razón
con mil llaves encerradas.

Una margarita es,
su memoria siempre en Dios
engastada, y de interés
famosas potencias dos
que se le siguen después.
    Éste es todo su caudal
y el mío. No soy ingrato
en ser, Nabal liberal;
mas si escuchaste el retrato
contempla el original.

(Sale Abigaíl muy alegre.)

Nabal
    ¡No llega al balcón dorado
del Sol a llamar el día
más bella el alba! ¡Qué agrado!

Abigaíl
    El corazón me decía
que aquí estabas, padre amado.
    Dame tu mano.

Padre
          El Señor
te bendiga, Abigaíl

Nabal
    ¡Qué belleza y resplandor!
¡Qué entendimiento sutil!
El Amor mata de amor.

Padre
    Nabal ha venido aquí
a pedirte por esposa.
Yo la palabra le di.

Nabal
    Como la purpúrea rosa
se quedó.

Padre	¿Qué dices? Di.
	Es rico y de calidad
	y de nuestra tribu, y tiene
	este intento.
Nabal	Es gran verdad.
Abigaíl	Si tú ves que me conviene,
	yo sigo tu voluntad.
	Tan ajustada nací
	que puedes saber de ti
	lo que puedo responder.
Padre	Nabal, ya es vuestra mujer.
Nabal	Doyme el parabién a mí.
Abigaíl	Y tanto imito a tu amor
	siempre, que tu pensamiento,
	como ha de ser en mi honor,
	es el primer movimiento
	de mi voluntad, señor.
Padre	Eso conozco, hija mía,
	y agradezco juntamente.
	Nabal, llega.
Nabal	Hoy es el día
	más feliz que eternamente
	gozó amorosa porfía.
Padre	Llega, Abigaíl es tuya.
Nabal	Ya gracias le doy al cielo.

La vida que tengo es tuya.
No hay mayor dicha en el suelo.
Haz que aquesto se concluya.

Padre   Cuando tú quisieres sea.

Nabal   Luego imagino que es tarde,
pero para quien desea
un bien, no hay plazo que aguarde
bien cuando tal bien se emplea.

Padre   Dios, en lo que procuramos
mire nuestra voluntad
de quien la paga aguardamos.
Vamos, hijos.

Nabal   ¡Qué beldad!

Padre   ¿No venís?

Abigaíl   Ya, señor, vamos.

(Vanse. Salen Jordán y Ana, criada.)

Jordán   Ana ilustre, así te vea
ara de un tapiz famoso
y ansina en tu rostro hermoso
no haya lunares de fea.
    Así tu errática estrella
haga su virtud persona
del título de fregona
al estado de doncella.
    Así el tiempo a quien se humilla
cuanto encuentra y cuanto roba,

lo que agora en ti es escoba
haga después almohadilla.
    Y tus manos que difuntas
están por lo flaco, en vez
de la mano de almirez
mires bolillos de puntas;
    que cases a mi señor.

Ana   ¿Pues soy yo casamentera?

Jordán   Mira, has sido cobertera
y emplastadora de amor.
    Esto que llaman unir
voluntades discordantes,
no es oficio de ignorantes.
Maestros se han de decir
    de capilla, el que acomoda
los desdenes más feroces,
pues une distintas voces
en el compás de una boda.
    La voz del bajo se encuentra
con el reino de Plutón,
la del tiple es un punzón
que en el alma se nos entra.
    Una al infierno le envía,
otra sube a las estrellas
y el maestro forma de ellas
con la unión dulce armonía.
    Así puedo decir yo
que en contrabajo mi amo
está diciendo: «Yo amo»,
y ella responde: «Yo no».
    Entra tú, linda maestra,
concuerdas el no y el sí.

Haces su boda y así
se va ordenando la nuestra.

Ana

Padre tiene Abigaíl.

Jordán

Ya entró mi amo a pedilla;
mas puede una palabrilla,
dicha acaso y con sutil
   ingenio hacer cosas graves.
Di bien de Nabal.

Ana

¿Qué bien?

Jordán

Yo te lo diré también
para que tú se lo alabes.
   Dile que antípoda ha sido
del hijo pródigo. Infiero
que es infierno del dinero
pues de él ninguno ha salido.
   Que era malo le dirás
para reloj, y no miento
pues viviéramos a tiento
sin saber hora jamás.

Ana

Luego, ¿nunca da?

Jordán

Le igualo
al mayor señor en eso.
Es muy cuerdo, tiene seso.

Ana

Al fin, ¿para todo es malo?
   ¿Ninguna cosa le salva?

Jordán

Solo para calvo es bueno

porque es descortés.

Ana   ¡Qué bueno!

Jordán   Y no le verán la calva.
                            No será nada perdido
                          que no da, ni aun esperanzas.

Ana   ¿Y con estas alabanzas
                          le ha de querer por marido?

Jordán   Si, le querrá, porque en fin
                          se guardan, si bien se nota,
                          la mujer y la bellota
                          para el puerco más ruin.
                              ¿Qué elección de hombre bizarro
                          supiera jamás hacer,
                          si es animal la mujer
                          que come carbón y barro?
                              Las que tienen tan mal gusto,
                          ¿en qué pueden acertar?

Ana   Esto, Jordán es hablar
                          a lo malo.

Jordán   Y a lo justo.

(Sale José.)

José   Ana dichosa y más bella
                          que los campos del abril,
                          pues del Sol de Abigaíl
                          eres alba, eres estrella,
                              tú que mereces tener

76

por dueño y bien sin segundo
la mejor mujer del mundo
si es que un ángel es mujer,
    alienta mis esperanzas.
Dile a tu dueño dichoso
que merezca ser su esposo.
Tú que de su pecho alcanzas
    tal parte, sé intercesora
con sus ojos soberanos.

Ana   Yo voy.

Jordán   Nacéis a dos manos.
                Vos sois linda embarradora.

(Vase Ana.)

José   ¿Eres Jordán el criado
            de Nabal?

Jordán   Jordán seré.
            Su criado no.

José   ¿Por qué?

Jordán   Su enemigo no excusado.

José   ¿Tanto dinero tenía
            que campo y vacas compró?

Jordán   Cierta partida cobró
            que Lázaro le debía.

José   ¿Y es cantidad la del oro

que halló?

Jordán   Por darle pesar
se lo tengo de contar.
Alto, pues, ¡Va de tesoro!
    Hay riquezas infinitas.

José   Gustaré de ellas, contaldas.

Jordán   Dos hanegas de esmeraldas
y cuatro de margaritas.
    Un juego de bolos hay
que las bolas son dos perlas
que se holgarán de verlas
los reyes de Girlinbay.
    Los bolos son filisteos
de oro de grande fineza
y que tienen por cabeza
cama hermosos camafeos.
    Un grande mortero vi
de piedra como un gigante.
El mortero es un diamante
y la mano es un rubí.
    Cuando se maja con él
se forma tan dulce son
que sin cuenta ni razón
bailamos todos con él.
    Muchas riquezas verás
y no quiero ser prolijo
pues por aquesto se dijo
y trescientas cosas más.
    Doblones hay de dos caras
tan grandes como un harnero.

José	Dime, Jordán, ¿estás cuero?
Jordán	Y más de siete mil varas de oro, de plata y de estaño sin otras cosas muy ricas, y, si mucho me replicas, perlas hay de mi tamaño.

(Sale Ana.)

Ana	Tú eres, Jordán, desgraciado que Nabal llegó primero.
Jordán	Sonó sin duda el mortero y a su música han bailado.
Ana	A su padre la ha pedido y a este punto se la entrega, porque la Fortuna ciega ya la dicha ha repartido.
Jordán	El alba será esa boda de mi gusto, tigre mía, y la nuestra será el día.
Ana	Quiéreme bien y me apoda. No se verá en ese bien.
Jordán	Triste el pésame te doy.
Ana	Y al uso del mundo voy a darles el parabién.

(Vanse los dos.)

José

    Pues ya no tengo esperanza,
no quiero estar más aquí.
Gócela Nabal, y a mí
el cielo me dé venganza.
    No os gocéis en paz los dos,
pues yo no la he de tener.
¿Qué no causa una mujer?
Remédieme solo Dios.

(Salen cantando los músicos y Nabal y Abigaíl, de las manos. Ana, Jordán y el Padre de Abigaíl.)

Músicos

    ¡Viva mil años Nabal,
y también viva otros mil
la discreta Abigaíl!
Nunca conozcan el mal.

Nabal

    Felice, esposa, has de ser
pues vivirás siendo mía
con honra y con alegría
más que ninguna mujer.
En esta casa has de ver
tantas riquezas unidas
que exceden a las de Midas
como las sepas guardar;
que ya las empieza a dar
el cielo, autor de las vidas.
    A tu padre agradecida
estarás mientras viviere,
pues tanto te estima y quiere
que te entrega a tal marido.
También yo dichoso he sido
pues Fortuna con largueza
a hacerme próspero empieza

	y a un tiempo vengo a tener
	la riqueza y la mujer
	que me guarde la riqueza.

Padre   La bendición del Señor
                     te alcance. ¡Ay, hija querida!

Abigaíl   Y Él guarde, señor, tu vida.
                  ¿Lloras?

Padre   Es llanto de amor,
                     no de pena ni dolor,
                     [cuando así te alegrarás].
                     Pienso no te he de ver más
                     porque pienso retirarme
                     a Betulia.

Abigaíl   ¿Para darme
                  penas y tristezas vas?

Jordán (Aparte.)   (Aun no le dijo el cobarde
                     que su riqueza conoce:
                     «Tengo mujer que la goce»
                     sino «mujer que la guarde».)

Abigaíl   Aunque la Fortuna tarde
                  en darte prosperidad,
                  con gusto y con humildad
                  tendrás una esclava en mí.
                  De mi padre fue hasta aquí,
                  tuya es ya mi voluntad.

Jordán   La gente que a acompañar
                     se ha venido, está allá fuera

sin irse, a comer; que espera
que la hemos de convidar
  como es uso. Mas no tienes
prevención y estoy confuso.

Nabal

Quebrar la pierna al mal uso,
dice el refrán. Necio vienes.

Jordán

  Haz que algunos dulces traigan
y entre todos los reparte.

Nabal

Convídales de mi parte.

Jordán

¿A qué diré?

Nabal

     ¡A que se vayan!
  Así el pobre satisfaga;
que el rico con su poder
basta que lo pueda hacer.
No es menester que lo haga.
  Los ricos eso tenemos;
que nos han de acompañar
porque los podemos dar,
pero no porque les demos.

Jordán

  Ése es un gentil amparo.

Nabal

Muy pródigo estás, Jordán.
Despídelos.

Jordán

  ¿Qué dirán?

Nabal

Que soy discreto.

Jordán	¡Y avaro!

Nabal

    Así como así lo dicen
del rico no se contentan.
Si lo han de decir, no mientan.
¿No vas luego?

Jordán

             Hoy se eternicen
tus hechos en el infierno.
No doy por tu salvación
un cornado. ¡Qué ambición!

Nabal

    De esta suerte me gobierno.
    ¿Qué haces?

Jordán

          A despacharlos
voy al momento.

(Vase Jordán.)

Nabal

          Señora,
no he querido darte agora
cuidado en el regalarlos.
    Huéspedes hartan, y olvidan
al momento el beneficio,
y los hombres de mi juicio
ni prestan ya ni convidan.

(Sale Jordán.)

Jordán

    Ya que a nadie has convidado,
pobres, si a piedad te mueves,
esperan a los relieves
de la boda y se han juntado.

¿Dales algo?

Nabal   ¡Qué indiscreto!
            De tu ignorancia me pesa,
            necio. Si la causa cesa,
            ¿no ves que cesa el efecto?
                Si convite no hay, ¿qué quieres?
            Nada sobra. Dales nada.

Jordán   ¡Qué regla tan acertada!
            ¡Qué jurisperito eres!
                Y estos músicos, ¿qué harán?
            Pobres son; ya los conoces.

Nabal   No me dieron ellos voces.
            Dales voces tú, Jordán.
                ¿No basta haberlos oído
            cantando mal?

Jordán   ¿Y es razón?

Nabal   Si les he dado atención
            ya pagué lo que he debido.

Jordán   Ya cantaron. Piedad haya.

Nabal   Diles que si oí cantar,
            que también les oí templar,
            que uno por otro se vaya.

Jordán   Jamás avaricia vi
            tan puesta en razón y en arte.
            Alto, a contar a otra parte;
            que estamos sordos aquí.

84

(Sale Lázaro vestido pobremente y los músicos se van.)

Lázaro

Sálveos Dios, que no podía
esperar humano bien
sin daros el parabién
en medio de esta alegría.
      Vivan vuestras voluntades
en paz tan larga y unida
que le quede vuestra vida
por años, no por edades.
      En dulce amor y sosiego
vuestra lengua a Dios invoque
y a vuestra hacienda no toque
peste, langosta ni fuego.
      No lleguéis los dos a ver
en fortuna singular
ni la cara del pesar
ni la espalda del placer.
      Tú, Nabal, cuanto deseas
logres sin mudanza alguna.
La Ocasión y la Fortuna
a tus pies se inclinen. Veas
      hijos de nietos, que así
al año parecerías
con sus meses y sus días.

Abigaíl

Lástima tengo de ti.
      A llanto me has provocado.
No te quisiera escuchar
pues no te puedo pagar
el parabién que me has dado.
      Y ya envidio el mal que tienes
pues que con paciencia tal,
cuando has de sentir tu mal

te alegran ajenos bienes.
   Y así, Lázaro, prevengo
que, pues lástima me das,
valen tus trabajos más
que las dichas que yo tengo;
   porque, si en la dicha mía
llego a sentir tu pesar
y te puedes alegrar
de mi gusto y mi alegría,
   claro está que valen más
los trabajos que tuviste
pues yo dichosa, estoy triste
y tú tan alegre estás.

Jordán	Pobre de él, a comer viene por una tablilla, di, ¿hoy no convidan aquí aunque ya puesta la tiene tu fama?
Nabal	¡Bárbaro, calla!
Jordán	Solo consejos me has dado.
Padre	Lázaro, ¿cómo has quedado de la sangrienta batalla que la Fortuna te dio?
Lázaro	Señor, ya todo es violento, y así me dejó contento, pues con salud me dejó. Para pagar mis criados hasta el vestido vendí, porque todo lo perdí

pero quedé sin cuidados.
    Cualquier hombre que no deba
se puede llamar felice,
y como el proverbio dice:
«No tengo cosa en que llueva
    el cielo, pero tendré
esperanzas y consuelo»,
que son las lluvias del cielo
más seguras.

Abigaíl   ¡Grande fe!
                  Dueño, esposo, convidemos
                  a Lázaro, que quizá
                  para comer no tendrá.

Nabal   Buen envidioso tendremos
                      a nuestra mesa. Es forzoso
                  que tengan antipatía
                  la pobreza y la alegría,
                  el desdichado y dichoso.
                      Esposa, convites tales
                  entre iguales han de ser,
                  porque el brindis y el placer
                  puedan también ser iguales.

Padre   Estando enfermo, me ha hecho
                  muchos bienes en su vida.

Abigaíl   Pues yo quiero, agradecida,
                  quitarme aquésta del pecho.
                      Toma, Lázaro, por paga
(Dale una joya.) aquesta joya, y podrás
                  vestirte mejor.

Lázaro	Me das el remedio. Dios te haga tanto bien como deseo. No al quitar, seguro y firme, porque así podré vestirme sin ser fábula y trofeo de la Fortuna.
Nabal	¡Mujer, que apenas te viste mía cuando luego al primer día me has comenzado a ofender! ¿Tú puedes, sin mi licencia, dar cosa ninguna ya? ¿Sabes del modo que está la mujer en la obediencia del marido? A no mirar; que es el tálamo primero. Más colérico y más fiero te llegaré a castigar. Y tú, necio codicioso, que la tomaste, ¿no ves que solo su dueño es la voluntad de su esposo? Dame, loco.
Padre	¡Qué arrogancia!
Lázaro	Tienes, amigo, razón; pero la buena intención en ella, en mí la arrogancia, disculpa nos puede dar. Tómala pues, sin enojos.

(Dásela.)

Abigaíl (Aparte.)   (¿Qué bodas son éstas, ojos?
                      Empecemos a llorar.)

(Vase Abigaíl.)

Padre   ¡Oh, avaro!, aunque más te sobre
                   y el pródigo esté perdido,
                   rico, el pródigo habrá sido
                   y tú siempre serás pobre.

(Vase el Padre.)

Ana   ¡Pesadumbres al entrar!
                   ¡Éstos los regalos eran!

(Vase Ana.)

Jordán   Diluvios de hambre me esperan.
                   ¡Ea, aprender a nadar!

(Vase Jordán.)

Lázaro   No te enojes tú, yo voy.
                   Unid vuestras voluntades.

Nabal   No quiero estas humildades;
                   que colérico estoy.

(Salen el Demonio en traje de pobre, y Custodio.)

Custodio   ¿Dónde vas, opuesto a Dios?

Demonio	Donde me lleva el destino,
	por si por este camino
	hago pecar a los dos.
[A Nabal.]	Dame limosna, pues dijo
	un filósofo moral
	que el hombre es tan liberal
	cuando tiene regocijo.
	El que su boda celebra
	franco tendrá el corazón.
Nabal	¿Qué regla hay sin excepción?
	¿Qué costumbre no se quiebra?
	¿Qué fe duró en los amigos?
	¿Qué esperanzas no hay inciertas?
	¡Hola! Cerrad esas puertas,
	que van lloviendo mendigos.
(Vase Nabal.)	
Demonio	El primero soy que pide
	que huelga que no le den.
Custodio	Pide a Lázaro también.
	Veremos si te despide.
Demonio	Una limosna procura
	uno que cautivo ha estado.
Lázaro	A mal tiempo habéis llegado.
	¡Oh, criador de la criatura!
	¡Oh, quién tuviera qué dar!
	El corazón me traspasa.
	El alma en fuego se abrasa.
	Bien me puedes perdonar.

Amigo, piadoso vengo
a ver tu necesidad,
solo puedo dar piedad
que solo lágrimas tengo.
    Si este vestidillo fuere
bastante a tu mal, no dudo
de quedar por ti desnudo
como el hombre nace y muere.
    Ayer, amigo, podía
con tal huésped regalarme.
Hoy no tengo donde entrarme
cuando se nos vaya el día.
    Ya no habrá, según estoy,
quien me pueda conocer.
Llamábanme «el rico» ayer
y «el pobre» me llaman hoy.
    Pero con pobreza tal,
sano estoy, gracias a Dios,
y os podré llevar a vos
en hombros al hospital
    si estáis enfermo.

Demonio   Impaciencia
es la enfermedad que veo,
y soy tal que apenas creo
que tiene Dios providencia.
    ¿Por qué tan mudos estamos
en miserias tan feroces?
¿Y por qué no damos voces
y del cielo nos quejamos?
    Vos tan pobre y yo tan pobre,
¿esto habemos de sufrir,
destinados a vivir
de lo que a otros les sobre?

Lázaro	Amigo, amigo, no os den así impulsos de impaciente. Dios es pródigo y consiente nuestro mal por nuestro bien. Aunque en riqueza me vi, tantos males me cercaron que los que allí me envidiaron hoy se lastiman de mí. Mas no por eso, a Dios gracias, blasfemias al cielo digo, pues son piedad o castigo lo que llamamos desgracias. Pecado podré decir, que oprimen hoy nuestros cuellos. Arrepintámonos de ellos.
Demonio	No me puedo arrepentir.
Lázaro	Tal decir, solo se entiende del demonio. [Eso es] pecar, porque no puede olvidar lo que una vez aprehende.
Demonio	¿Qué sabes tú si lo soy?
Lázaro (Aparte.)	(Dejarlo es mayor prudencia pues que le da mi paciencia los consejos que le doy. Mi consuelo este hombre ha sido, mi Dios, más pobre le tienes, pues si yo perdí mis bienes, la paciencia no he perdido.)

(Vase Lázaro.)

92

Custodio	¿Ves, enemigo del hombre,
	como pobre y provocado,
	humilde Lázaro ha estado?
Demonio	¡Qué milagro! ¿No te asombre?
	Porque si tiene salud
	y la riqueza es la vida,
	¿qué pasión habrá que impida
	la fuerza de su virtud?
	Dame tú que le faltara
	y echaras luego de ver
	lo que puede mi poder;
	que luego desesperara.
Custodio	Pues yo licencia te doy
	de parte de Dios que quites
	su salud.
Demonio	Si lo permites,
	a darle una lepra voy;
	que asco y horror dé a la gente.
	No estuvo Job tan llagado
	como él será.
Custodio	Ni habrá estado
	el mismo Job tan prudente.

Fin de la segunda jornada

Jornada tercera

(Salen Abigaíl, Ana. Baltasar y Jordán.)

Abigaíl

      Prosigue, que aunque prevengo
lástima al alma de ver
lo que llega a padecer
Lázaro, y piedad de él tengo,
      tendré gusto de escuchar
lo que padece en el suelo
hombre a quien regala el cielo
para poderle alabar.

Baltasar

      Digo que si pretendieras
en cosas que te importaran
que las peñas ablandaran
y se amansaran las fieras,
      lleno de lepra y gusanos
llega, señora, a ocupar
como Job un muladar.

Abigaíl

Son sucesos soberanos.
      ¿Tantas penas le lastiman?

Baltasar

Sí, pero están engañadas
porque se ven ocupadas
a donde no las estiman.
      Con paciencia tan prudente
se consuela al fatigarle
que pienso que han de dejarle
por pensar que no las siente.
      No es la hambre la menor
pena que padece agora
Palestina, pues la llora

desde el pequeño al mayor.
    Y como tan general
es ya la hambre cruel
ninguno se acuerda de él.

Abigaíl
¿Cuándo Dios no es liberal?
    Si permite que reciban
aun los gusanos aliento
también le dará sustento
siquiera porque ellos vivan.

Jordán
    Si en esta casa ha de ser,
y hubieran de aquí habitar,
siempre habían de ayunar
y nunca habían de comer.
    También soy gusano aquí
con Nabal, porque cruel
lo que guía eterna en él
perpetuo ayuno hace en mí.

Abigaíl
    Calla, y trae aquel regalo
que previne.

Baltasar
                    Feliz casa.

Abigaíl
Porque la hambre que pasa
con mi lástima la igualo,
    de Dios es bien que asegure
la palabra. Tú también
trae paños Ana, que es bien
que a Lázaro se [le] cure.

Ana
                    Voy de dolor lastimada.

96

(Vase Ana.)

Jordán
Yo del remedio contento
partir con Lázaro intento;
que es siempre bien ordenada
la caridad que primero
por sí empieza. A guardar voy
la mitad. Con hambre estoy,
y si no como me muero.

(Vase Jordán.)

Baltasar
Pues aún cuenta no te he dado
de las penas que padece.

Abigaíl
Calla, que la mía crece
solo en haberte escuchado.
Si no quieres que mis ojos
lloren por el gran dolor
que tienen de tu señor,
y me acaben mis enojos
sus pesares, no me digas;
porque en el sentir le excedo
cuando remediar no puedo
sus miserias y fatigas.

(Sale Jordán con una cesta de comida.)

Mucho, Jordán, me ha agradado
tu diligencia.

Jordán
Señora,
servirte pretendo agora.
(Ya la mitad he sisado.

Si mi señor lo supiera,
por esto que aquí he traído
y por lo que yo he escondido,
como a un pulpo me moliera.)

(Sale Ana con paños.)

Ana   Aquí los paños están.

Jordán   (Éstos cabales vinieron
                       mas los dulces se partieron
                       entre Lázaro y Jordán.)

Abigaíl   Ana, páguetelo Dios.

Ana   Solo a tu servicio atiendo.

(Nabal al paño.)

Nabal   A estos criados siguiendo
                       vengo, porque de los dos
                          justa sospecha he tenido
                       que me disipan mi hacienda.

Jordán   A Dios le haces la ofrenda
                       pues para Lázaro han sido.
                          Conservas te traigo aquí
                       para que en tu nombre coma.

Ana   Yo, paños delgados.

Abigaíl   Toma,
                       pues que tan dichosa fui,
                          y llévaselo a aquel santo,

de paciencia claro ejemplo.

Ana   En él un ángel contemplo.

Nabal   ¡Traidores! ¿De qué me espanto
　　　que mi hacienda no se aumente
　　al paso que yo deseo,
　　si de esta suerte la veo
　　consumir?

Abigaíl   　　　　Señor, detente.
　　No los maltrates por mí.

Nabal   ¿Cómo no? ¡Viven los cielos
　　que han de pagar mis desvelos
(Saca la daga.)   con su muerte! Pues, ¿así
　　　la hacienda de vuestro dueño
　　robáis con mano tirana?

Jordán   Quien tiene la culpa es Ana;
　　que me engañó. ¡Fuerte empeño!
　　　Que tengas piedad te pido.

Nabal   Mi enojo así satisfago.

Jordán   ¿No lo dije yo? Ya pago
　　lo que hurté, y aún no he comido.
　　　Detenle, por Dios, señora,
　　pues fuiste tú la culpada.

Abigaíl   Aguarda, esposo.

Jordán   　　　　No es nada;
　　más emperrado está agora.

Nabal	¡Morirás, traidor!

Jordán
                  Tu acero
a envainar puedes volver;
que no le queda que hacer
cuando de hambre me muero.
    ¡Qué rigurosa es mi estrella!

(Deja a Jordán.)

Ana   Señor... piedad, ¡ay de mí!

Jordán   Con Ana ha encontrado, ¡así,
así, así, péguela a ella!

Abigaíl   Advierte, Nabal querido,
que con mi orden se da
lo que lleva. Deja ya
el rigor que te ha vencido.

Nabal   ¡Suéltame!

Abigaíl   Yo te confieso
que en mi nombre lo llevaba.
Su abono a mi cargo estaba.
No es limosna con exceso.

Jordán   Señor, si soy menester,
aquí estoy para azotarla.
Muy bien haces en pegarla
porque todo es menester.

Ana   ¡Ah, señor!

Jordán	No te alborotes,
	Ana, en aquesta ocasión.
	Sangrías por mayo son
	ocho docenas de azotes.
Abigaíl	Un pobre regalo es
	para Lázaro, tan pobre,
	que no hay cosa que le sobre
	sino la fama que ves.
	Lázaro es santo varón.
	Halle en tu prosperidad
	favor su necesidad.
Nabal	¡Qué loca y necia opinión!
	¿Ha de correr por mi cuenta
	la miseria que padece?
	Demás que, ¿no lo merece,
	pues que Dios no le sustenta?
	Por sus pecados llegó
	a ser afrenta del suelo;
	y hombre que castiga el cielo
	no es bien favorezca yo.
Baltasar	Pechos de piedad desnudos
	mueran en su estimación.
	Estásle en obligación
	de mil quinientos escudos
	que te dio Lázaro un día;
	que no has de poder negarlos.
	Por no avergonzarte al darlos
	fingió que te los debía.
	Ellos el principio fueron
	de las riquezas que tienes.

Nabal	Necio y enfadoso vienes.
	¡Qué buena traza advirtieron
	para moverme a piedad.
Jordán	No es criminal, es civil
	nuestro amo.
Nabal	Abigaíl,
	padezca necesidad
	quien la tuviere, y en ti
	halle el pobre mano escasa;
	que la piedad en mi casa
	viene a ser ofensa en mí.
	Nada le ha de dar mi mano.
Jordán	Convencerle es por demás.
Nabal	¡Mal haya yo si jamás
	diere limosna!
Abigaíl	¡Ah, tirano!
Baltasar	¡Qué hay rico tan avariento!
Nabal	No habrá paz en nuestros días
	si sé que a Lázaro envías
	el más mínimo sustento.
	Toda aquesta hacienda es mía.
	Nada tengo que me sobre.
	Trabaje y gánelo el pobre.
Jordán	(No vi mayor tiranía.)

(Vase Nabal y llévase los paños y los dulces.)

Abigaíl   Baltasar, ven de aquí a un hora
             que Ana te aguardará
             en el patio, y te dará
             algo que lleves.

Baltasar   Señora,
                         guárdete el cielo.

(Vase Baltasar.)

Abigaíl   Ana, ven.

Ana   Su avaricia al mundo asombre.

Jordán   ¡Fuego de Dios en tal hombre!
             Mala pedrada le den.
                 Yo le tengo de llevar
             lo que para mí escondí.

Abigaíl   ¡Ay, Ana, no estoy en mí!
             Todo es tristeza y pesar.
                 ¡Qué permitiese mi suerte
             infeliz que me casara
             con tal hombre!

Jordán   No dudara,
                         señora, en darle la muerte.

Abigaíl   Jordán, ¡si fuera posible
             que una principal mujer,
             si llega el marido a ser
             para su trato insufrible,
                 que vengarse de él pudiera
             sin quedar mancha en su honor!

Algunas hay que el furor
y el enojo las venciera,
   pero como la venganza
contra el marido ha de ser
perdiendo honor la mujer,
es infame quien la alcanza.

Ana   ¿Posible es que no te enfada
un avaro?

Abigaíl   ¿Qué he de hacer?
Bien conozco que he de ser
en extremo desdichada.
   Conozco que Dios pretende
con tan justas penas mías
que llore noches y días.
Castigos son. Él se entiende.
   Si mi padre no se fuera
a Betulia, cosa es clara
que algo me consolara
y algún alivio tuviera.

Jordán   ¿Al fin pretendes pasar
una vida tan pesada?

Abigaíl   Sí, mientras fuere casada.

Jordán   Y un siglo te ha de durar.
   Si el diablo se le llevara,
que ruego a Dios que sea luego,
yo estuviera con sosiego;
que por lo menos cobrara.

Ana   ¿Agora te afliges de esto?

Jordán	Daréle, si hay ocasión,
	rejalgar como a ratón
	que es muy amigo de queso.
	Y sin temor que me obligue
	a que yo pruebe del plato,
	que aunque es ilustre aparato
	el que sus manjares sigue,
	segura estará mi vida
	a su mesa celebrada,
	pues que por no darme nada
	no hace salva a la comida.

Jordán

Daréle, si hay ocasión,
rejalgar como a ratón
que es muy amigo de queso.
   Y sin temor que me obligue
a que yo pruebe del plato,
que aunque es ilustre aparato
el que sus manjares sigue,
   segura estará mi vida
a su mesa celebrada,
pues que por no darme nada
no hace salva a la comida.

Abigaíl

   Deja locuras agora;
que querrá Nabal comer.

(Vase Abigaíl.)

Jordán

¡Oh, qué perfecta mujer!

Ana

¡Oh, qué buena es mi señora!

(Vanse. Sale Lázaro con muletas y unos paños en las piernas, y unas tablillas en las manos como le pintan, y tócalas de cuando en cuando.)

Lázaro

   Inmenso y soberano
artífice del cielo, en quien se puso
el poder de tu mano
cuando, estando en tu mano el caos confuso,
en partes dividiste
con sola una palabra que dijiste;
   si el hombre que te invoca
y ser imagen de su autor alcanza,
el soplo de tu boca
el alma le infundió, y la semejanza

mostrando con luz pura
la fuerza del criador y la criatura;
   si con tiernas entrañas
das vida dentro el mar al pez, y sabes
en el aire y montañas
sustentar a las fieras y a las aves
que con su dulce canto
invocan tu poder y nombre santo;
   si te muestras piadoso,
Señor, de los ejércitos, Dios mío,
y a tu pueblo dichoso
sustentas con el cándido rocío
y por su sed ardiente
abres en peñas cristalina fuente;
   si estando tu profeta
en el lago cruel de los leones
la hambre le respeta
y rompiendo las lóbregas prisiones
del aire viene a vello
colgado otro profeta de un cabello;
   de mí, Señor, te acuerda
que mi pobreza es tanta que me obliga
a que con hambre pierda
la vida que me das para que diga:
«¡Oh, santo, santo, santo!»,
siguiendo del querub la voz y el canto;
   mas ya del rico ponen
las espléndidas mesas, y confío
que cuando le coronen
la taza del licor en nieve frío,
me dé lo que le sobre,
que de esto es acreedor cualquiera pobre.
   Segundo Job llagado
me tenéis con paciencia, Dios del cielo,

de nadie consolado,
mal dije, Gran Señor, ¿qué más consuelo
en tan fiero combate
que no tener mujer que me maltrate?
   Del mundo aborrecido
con mis llagas estoy, y mi pobreza,
cuando limosna pido
doy asco al que administra tu riqueza.
El pobre dar desea
y dice con piedad, Dios te provea.
   Mi dicha en esto es alta,
que el pobre a quien le falta la paciencia
y el rico a quien le falta
la dulce caridad, sin resistencia
llorarán igualmente,
uno de avaro y otro de impaciente.

(Sacan Ana y Jordán la mesa llena de viandas y muchas rosas esparcidas. Los músicos salen tocando y Nabal se asiente a la mesa.)

Nabal   ¿Qué deleite se iguala
al llegar a una espléndida comida
donde el hombre regala
al cuerpo que es columna de la vida,
bebiendo en mesas tales
aromático vino entre cristales?
   Cantadme agora en tanto
que a mí mismo me brindo con aroma,
y sirva vuestro canto
de abrirme el apetito cuando coma.
¡Dichoso yo que veo
manjares a medida del deseo!

(Come y los músicos tocan dos compases de guitarra. Lázaro toca otros dos
con las tablillas.)

Tañed. Cantad.

Lázaro
Si es pía
el triste son de un mísero llagado,
esa dulce armonía,
éste que aquí tan llagado ha llegado,
Lázaro es él que llama.
Lágrimas tiernas de piedad derrama.
    Señor y padre mío,
que el rico es padre y dueño del que es pobre,
en tu piedad confío.
Con hambre estoy y espero lo que sobre
en tu mesa opulenta;
que el cielo lo pondrá por mí a mi cuenta.

Nabal
Cantad.

Músicos
    «Al valle ameno
mira envidioso el monte levantado,
de sombra y flores lleno.»

Jordán
Y así mira este pobre lastimado
con hambrientos antojos
los manjares que come por los ojos.
    Y aunque con ansia mucha
caritativo ya le solicita,
su triste voz no escucha;
que su dureza avara es infinita.
Castigo tendrá eterno.
Allá se lo dirán en el infierno.

Lázaro	Señor, a quien el cielo repartió liberal riqueza tanta que al Líbano y Carmelo el poder de tu mano se levanta, de hambre me estoy muriendo. Un pedazo de pan solo pretendo. A los viles gusanos en las entrañas de la tierra dura dan sustento las manos de Dios, que no desprecia su criatura. Un dios eres segundo. Sustenta este gusano vil del mundo.
Nabal	Tañed.
Lázaro	Si en los oídos regalados con música suave, salen tristes gemidos de lágrimas, y quejas tiernas cabe, enternézcaos mi llanto que así la providencia de Dios canto.
Jordán	¿Estás endemoniado? Mira a tu amigo en muchas ocasiones.
Nabal	Calla.
Jordán	No [estés] airado. Un bolsillo te dio con cien doblones.
Lázaro	Agua me dad siquiera porque no me la dan por allá fuera.
Nabal	No quiero.

Lázaro	Mansos ríos
	de espacio van al mar por verdes prados
	y por valles sombríos.
	Los ricos son así, que regalados
	sus vidas largas hacen
	aunque sujetos a la muerte nacen.
	La limosna piadosa
	computa con sus máquinas divinas
	esa fábrica hermosa
	de murallas y esferas cristalinas
	en cuyo trono asiste
	la luz que con sus rayos nos embiste.
	Señor, gana y conquista
	estas murallas de zafir luciente
	que la angélica vista
	deslumbrada cayó de transparente
	asiento luminoso
	donde tú subirás si eres piadoso.
	Las migajas deseo
	o los huesos que das a tus lebreles.
	Cercano mi fin veo.
Jordán	No tengas las entrañas tan crueles.
	¿Cuál tigre o leona fiera
	su desdichada voz no le moviera?
	Duélete de él, repara
	que sin remedio ya de hambre se muere.
	¡Qué obstinación tan rara!
	Ningún sustento de él Lázaro espere.
	Comes, callas y amorras.
	Advierte que de gloria te lo ahorras.
Nabal	Vete, pobre importuno,

que nada te han de dar mis manos ricas.
Conquista con ayuno
los muros de zafir que tú publicas,
que el manjar que has mirado
es poco para mí, pobre cansado.
   Si son de Job tus llagas,
son el estiércol suyo mis umbrales.
Con voces no deshagas
el gusto que me dan varios cristales.

Lázaro	¡Qué seas tan ingrato!
Jordán	¡Gana me da de darle con un plato!

(Alza Jordán un plato por detrás para querer darle a su amo.)

Nabal	En otras puertas llora;
	quizá te arrojarán o pan o huesos.
Lázaro	A Dios, pródigo adora
	mi pecho y Él gobierna mis sucesos.
Nabal	Échale luego a coces
	que ya me cansan mucho aquellas voces.
Lázaro	Castigo es, Rey eterno,
	de mis culpas no hallar piedad humana.
Jordán	¡En mi vida! Estoy tierno.
Lázaro	Amigo, yo me iré de buena gana.
Jordán	Ande, que darle quiero
	en saliendo allá fuera algún dinero.

Lázaro	Tú, rico sin segundo,
	trueques por Dios la pompa y majestades
	que tienes en el mundo,
	y vive en dulce paz largas edades.
	Mi fin se va viniendo.
	No he de poder salir a lo que entiendo.

(Va andando Lázaro, y Jordán saca un panecillo del pecho y sin que le vea Nabal, se lo da a Lázaro.)

Jordán	Aqueste pan he hurtado.
	Anímese con él y salga aprisa.
Lázaro	Dios te pague el cuidado.
Jordán	Aquí también le tengo, de mi sisa,
	dineros.

(Saca una bolsa de cuero.)

Lázaro	Lo agradezco.
Jordán	Cuanto pueda sisar, yo se lo ofrezco

(Vanse Lázaro y Jordán. Levántase Nabal de comer y quitan la mesa luego.)

Nabal	Canten, pues ya me dejas,
	imendigo pertinaz!
Músicos	«El dulce acento
	regala las orejas
	del que vive en el mundo tan contento
	que nada le fastidia

sino es la lengua de la ajena envidia.»

(Sale Jordán.)

Jordán   La música y comida
sus ojos sepultó en pesado sueño.
Él tiene linda vida.
Dejémosle dormir. ¡Oh, avaro dueño!,
¿cuándo querrán los hados
que hagas limosna y pagues tus criados?
No es temeraria pensión
la que tengo, que acabando
de comer, le esté guardando
el sueño sin redención.

Nabal   ¿Qué me quieres ilusión?

Jordán   Parece que está soñando
o que está desvariando.
¿Si es acaso borrachera?

Nabal   Nada de aquesto me altera.

Jordán   Entre sí está agonizando.

(Sale el Demonio con una culebra en la cabeza y asga al rico del pescuezo.)

Demonio   ¡Rico, rico!

Nabal   ¿Quién me llama
con tal espanto y violencia?

Demonio   Quien tomará residencia
a tu vida y a tu fama;

quien vidas hurta, y derrama
los tesoros que has guardado.
Mira en sueño reputado
el bien que esperas.

Nabal   Visión,
no acometas a traición
hombre que está descuidado.

Jordán   Prodigios estoy mirando.
¿Cómo me podré escapar?
Pero no me da lugar.
¡Ay de mí! Que estoy temblando.
Hacia mí se va llegando
[.........
....
....
....
.........]
     Esto me faltaba solo.
¿Qué he de hacer? Hacía mí viene.
¡Qué mala cara que tiene!
Parece imagen de Apolo.
¿Si pensando que soy bolo,
hoy me birlase al profundo?
Pero sin duda me hundo.
La bola quiero escurrir
que no pretendo partir
en tal posta al otro mundo.

Demonio   ¿Dónde vas?

Jordán (Aparte.)   (Aquí me llego.)
A Roma.

Demonio	Irás a otra parte.
Jordán	¿Qué quieres?
Demonio	No más que ahogarte.
Jordán	¿Por qué?
Demonio	Porque vayas luego con tu amo al eterno fuego a servirle.
Jordán	Ese convite mi grande miedo no admite.
Demonio	Tendrás salario y ración.
Jordán	No quiero pagas que son en moneda de alcrevite.
Demonio	Esto ha de ser.
Jordán	¡Ay de mí! Hecho una basura estoy. Mira que rico no soy, que lo es quien duerme allí. ¿No hay quien me socorra aquí? Que es pobre Jordán, advierte.
Demonio	Quédate y llore su suerte ese rico en mortal hielo; que solo me manda el cielo que a Nabal le dé la muerte

(Vase el Demonio.)

Nabal

¡Qué triste y pesado sueño!
Hoy muero. Sí, no lo dudo.
La muerte quitarme pudo
un tesoro no pequeño.

Jordán

Sí, que el avaro no es dueño
de su hacienda.

Nabal

Esclavo es suyo,
y pues la vida concluyo
y mi dueño me negó,
no solo he visto que yo
esclavo soy pero cúyo.

Jordán

Mira y confía en Dios santo,
el que los cielos gobierna;
la temporal y la eterna
te aguarda en amargo llanto.
No estés obstinado tanto
ya que el oro te trató
como a esclavo, y te dejó
para que todo te sobre.
Manda repartirlo al pobre.

Nabal

Eso no lo diré yo.
Mi dueño fue mi avaricia;
mi riqueza fue mi dueño,
y agora con este sueño
va creciendo mi malicia;
porque es tanta mi codicia
que muero amándola yo.

Jordán	Bien tu mano la guardó.

Nabal	Gustó mi avaricia de ello,
	y en guardarle hice aquello
	que cuyo soy me mandó;
	mas ya la gula me ha dado
	el fin que me prometía
	la tirana apoplegía.
	La voz al cuello me ha echado.

Jordán	Y es infierno dilatado
	su ancha boca.

(Ábrese la boca del infierno y echa llamas.)

Nabal	Sí, soy tuyo,
	dragón. Vesme aquí, no huyo.
	A ti voy; bien sé el camino
	pues quiere el cielo divino
	que no diga que soy suyo.

(Entra por la boca.)

Jordán	¡Señora!, ¡Ana!, ¡Abigaíl!,
	¡criados!, ¡gente!, a mi voz
	acudid, mirad que ha muerto
	mi desdichado señor.
	Con llanto le estoy mirando
	aunque no de compasión.
	Mi salario que debía
	consigo se lo llevó.
	¡A dó está no iré a cobrarlo!,
	que en el reino de Plutón

está sin duda ninguna
por su mala inclinación.
¡Acudid presto que es tarde.

(Salen alborotados Ana, Abigaíl y Baltasar.)

Abigaíl   En efecto, que murió
                 Lázaro. ¡Cómo me pesa!

Jordán   ¡La flema que traen los dos!

Abigaíl   Jordán, ¿qué dices?

Jordán   Señora,
                 con impaciencia y furor
                 murió rabiando tu esposo.

Abigaíl   Téngala en el limbo Dios.

Jordán   Si está allá Lázaro el bueno,
                 mal podrán estar los dos.
                 Más adelante estará
                 con Caín y Faraón.
                 Él murió de apoplegía
                 y el diablo se le llevó.

Abigaíl   Digan las lágrimas mías
                 la pena del corazón.
                 ¡Ay, esposo!

Ana   A las mercedes,
                 al regalo y el favor
                 que Dios te hace, ¿te muestras
                 tan ingrata?

118

Abigaíl	Si murió mi dueño, ¿no es de sentir su desdicha?
Jordán	¡No! Es mejor que celebramos el día en que esta casa salió del cautiverio de hambre, de prisiones, de rigor y avarienta tiranía. Todo cuanto me debió lo perdono de alegría. Mas no le perdono yo el susto que por su causa he pasado. Tal estoy que aun seguro no me juzgo de una endiablada visión, que ya muy poco que nos hizo una visita a los dos. Mostróse tan liberal que quiso enseñarme hoy a hacer pasos de garganta sin haber sido cantor. Con ella se fue mi amo.
Abigaíl	¡Qué lástima, qué dolor.
(Sale José.)	
José	¿Qué voces son éstas, prima?
Abigaíl	¡Ay, José, desdichas son! Nabal es muerto, que a juicio

	Dios eterno le llamó.
Jordán	Y dará tan mala cuenta que no merezca perdón.
José	Tratemos de sepultarle

(Ruidos de truenos.)

Jordán	De gusto nos excusó, que su cuerpo no parece. Oye, señora, el rumor, los relámpagos y truenos, la tierra se estremeció. Aun muerto ha sido avariento. Por no gastar, se enterró con el cuerpo y con el alma.
Abigaíl	¿Qué he de hacer, mísera yo?
Jordán	Consolarte y darle gracias al cielo que te sacó del peor hombre del mundo, de un tirano, de un Nerón.
Abigaíl	Misterios son de los cielos.
José	Di castigos.
Abigaíl	Eso no, que debo hablar con respeto del que fue mi esposo.
José	Y yo,

	no digo menos, señora,
	que así muestras tu valor.
Abigaíl	Vengan pobres a esta casa
	donde respeto y temor
	me impidieron la piedad.
	Abierta está desde hoy.
	Y tomen de las riquezas
	que mi fortuna heredó.
	Vengan todo mis criados.

(Vanse Abigaíl y José.)

Jordán	Pues el primero soy yo.
Ana	¿De alegría no dijiste
	que lo perdonabas?
Jordán	No.
	Si lo dije por entonces
	agora estoy de otro humor.

(Vanse. Salen el Demonio y Custodio, vestido de ángel, entrambos por distintas puertas.)

Demonio	En las esferas más bellas
	de la gloria de Dios sola,
	ángel fui y dragón entre ellas,
	pues derribé con la cola
	gran parte de las estrellas.
	Contra mi Autor me levanto
	dando a los cielos espanto,
	y pues el psalmista dijo
	que hace el cielo regocijo

en la muerte de algún santo,
  haga fiestas el infierno
pues tiene tal huésped hoy;
que yo también me gobierno
a su imitación, que soy
émulo de Dios eterno.

Custodio   Hoy está el limbo gustoso
                    con la muerte de un leproso
                    que de hambre y sed se murió.

Demonio   ¿Por qué no he de estarlo yo
                    con un hombre poderoso?

Custodio   Y en nuestra competencia
                    llevamos hoy con justicia,
                    y ésta fue la diligencia:
                    tú un rico con avaricia
                    y yo un pobre con paciencia.

Demonio   Lázaro a vivir empieza.
                    y el rico entre su riqueza
                    en el fuego sepultado.
                    Hoy le verán coronado
                    las sierpes de mi cabeza.

(Descúbrese una boca de infierno y dentro el rico con una tunicela de demonio, echando llamas, y Custodio de un lado y el Demonio de otro.)

Custodio   Desde que naciste fui
                    tu custodio y compañía.
                    Buenos consejos te di.
                    Mi oficio acabó este día
                    dejándote, avaro, aquí.

Muchos ángeles llevaron
al limbo a Lázaro en hombros,
que así en la muerte le honraron
y a ti con miedos y asombros
demonios te sepultaron.

Demonio   Hombre rico, éste es el pago
que doy, porque al mundo asombre.
Bien dicen que yo me trago
las riquezas y que al hombre
guerras con ellas le hago.
Tu vana y torpe locura
te trujo a esta sepultura.
Padece aquí eternos días
pues que en el mundo tenías
tiempo, lugar y ventura.

Custodio   Cielo pudiste comprar
con el oro, y de justicia
lo pudieras conquistar.
Adoraste tu avaricia,
hecho tesoro tu altar.
Lázaro que te ha pedido,
dar puede ya, que ha venido
con esperanza del bien
al seno piadoso en quien
muchos hay que la han tenido.

Demonio   Censos son con fundamento
las limosnas que da el rico.
Tus riquezas llevó el viento
y así agora te predico
para darte más tormento.
Hombres que ricos han sido,

buena ocasión han tenido
y, ¡dichosos los que dieron!
Todos salvarse quisieron,
pero pocos han sabido.

Custodio   Podrá preguntar, ¿a quién
hice mal que pena tal
me dan? Sabe que también
el hombre que no hace mal
está obligado a hacer bien.
    Los ojos de tu locura
allá en esa sepultura
verán el bien que perdiste
pues que vivo no supiste
gozar de la coyuntura.

(Descúbrese una capilla y Lázaro esté con una tunicela blanca, coronado de rosas, y los músicos cantan dentro.)

Músicos   Danos, cielo, tu rocío;
las nubes lluevan al justo.

Custodio   Considera el desvarío
de tu vida. Allí está el gusto.

Nabal   Y aquí está el tormento mío.

Custodio   Allí la música suena
que a tu comida y tu cena
dio el deleite lisonjero,

Demonio   Mira y padece, que quiero
prevenirte mayor pena.

Nabal	Custodio, a Lázaro envía.
	Haz que mitigue esta llama
	una gota de agua fría.
Custodio	En vano a Lázaro llama
	quien sus puertas no le abría.
Demonio	Miserable y desdichado,
	si agua o pan nunca le has dado,
	¿cómo pides y porfías
	tú que en el mundo tenías
	el pan y el vino sobrado?
Nabal	Vile padecer y creo
	que quien tanto padeció
	puede mucho, y como veo
	el lugar que mereció,
	puede hacer lo que deseo.
Custodio	Lázaro, que ha sido bueno,
	descansa agora en el seno
	de Abrahán. Si no has movido
	la mano, ¿por qué has querido
	verle de su gloria ajeno?
Nabal	Ya que venir no le dejas,
	haz que vaya a predicar
	al mundo, porque ablandar
	pueda las duras orejas
	de mis hermanos, y dar
	aviso que estoy aquí.
Custodio	¿Cómo está piadoso así
	quien bruto fue racional?

Nabal	Por la pena accidental que me pueden dar a mí.
Custodio	¿Allá tienen escritura y profetas?
Nabal	Es más cierto que dejarán su locura si ven levantar un muerto de su misma sepultura.
Custodio	A quien el vicio no quita la ley y escritura santa, mal dará gloria infinita ver si un cuerpo se levanta del sepulcro y resucita.
Nabal	¿Todo es imposible?
Custodio	Sí.
Nabal	Pues, muera siglos aquí, blasfemando siempre yo del Autor que me crió y del día en que nací.
Custodio	Bárbaro, la boca cierra.
Nabal	Demonio, viles criaturas, guerra al cielo, ¡guerra, guerra!
Custodio	Gloria al Dios en las alturas y paz al hombre en la tierra.

Demonio	Hombres, si avaricia y gula
	vuestros ánimos despierta,
	el rico ya miserable
	con premio igual os espera.
Custodio	Yo por Lázaro os convido
	a las celestiales mesas.
Demonio	A mi centro voy, a dar
	al rico tormento y penas.

(Vase el Demonio.)

Custodio	Yo a mi esfera do nací
	a darle gracias inmensas
	al que es autor de la vida.
	Y aquí acabe la comedia
	de Nabal, cuyo prodigio
	escribió Mira de Amescua
	para escarmiento de muchos.
	Perdonad las faltas nuestras.

Fin de la comedia

Libros a la carta

A la carta es un servicio especializado para

empresas,

librerías,

bibliotecas,

editoriales

y centros de enseñanza;

y permite confeccionar libros que, por su formato y concepción, sirven a los propósitos más específicos de estas instituciones.

Las empresas nos encargan ediciones personalizadas para marketing editorial o para regalos institucionales. Y los interesados solicitan, a título personal, ediciones antiguas, o no disponibles en el mercado; y las acompañan con notas y comentarios críticos.

Las ediciones tienen como apoyo un libro de estilo con todo tipo de referencias sobre los criterios de tratamiento tipográfico aplicados a nuestros libros que puede ser consultado en Linkgua-ediciones.com.

Linkgua edita por encargo diferentes versiones de una misma obra con distintos tratamientos ortotipográficos (actualizaciones de carácter divulgativo de un clásico, o versiones estrictamente fieles a la edición original de referencia). Este servicio de ediciones a la carta le permitirá, si usted se dedica a la enseñanza, tener una forma de hacer pública su interpretación de un texto y, sobre una versión digitalizada «base», usted podrá introducir interpretaciones del texto fuente. Es un tópico que los profesores denuncien en clase los desmanes de una edición, o vayan comentando errores de interpretación de un texto y esta es una solución útil a esa necesidad del mundo académico.

Asimismo publicamos de manera sistemática, en un mismo catálogo, tesis doctorales y actas de congresos académicos, que son distribuidas a través de nuestra Web.

El servicio de «libros a la carta» funciona de dos formas.

1. Tenemos un fondo de libros digitalizados que usted puede personalizar en tiradas de al menos cinco ejemplares. Estas personalizaciones pueden ser de todo tipo: añadir notas de clase para uso de un grupo de estudiantes, introducir logos corporativos para uso con fines de marketing empresarial, etc. etc.

2. Buscamos libros descatalogados de otras editoriales y los reeditamos en tiradas cortas a petición de un cliente.

www.ingramcontent.com/pod-product-compliance
Lightning Source LLC
Chambersburg PA
CBHW021931040426
42448CB00008B/1019